帆船、帆板
——运用自然的智慧

盛文林/著

台海出版社

图书在版编目（CIP）数据

帆船、帆板：运用自然的智慧／盛文林著. －－北京：
台海出版社，2014.7

（全民阅读体育知识读本）

ISBN 978 - 7 - 5168 - 0435 - 3

Ⅰ.①帆… Ⅱ.①盛… Ⅲ.①帆船运动 – 基本知识
②帆板运动 – 基本知识 Ⅳ.①G861.4②G861.7

中国版本图书馆 CIP 数据核字（2014）第 175075 号

帆船、帆板：运用自然的智慧

著　　者：盛文林

责任编辑：戴　晨　　　　　　装帧设计：视界创意
版式设计：林　兰　　　　　　责任印制：蔡　旭

出版发行：台海出版社

地　　址：北京市朝阳区劲松南路 1 号　邮政编码：100021

电　　话：010 - 64041652（发行，邮购）

传　　真：010 - 84045799（总编室）

网　　址：www.taimeng.org.cn/thcbs/default.htm

E - mail：thcbs@126.com

经　　销：全国各地新华书店

印　　刷：北京一鑫印务有限公司

本书如有破损、缺页、装订错误，请与本社联系调换

开　　本：655×960　　　1/16
字　　数：130 千字　　　　　　印　　张：12
版　　次：2014 年 10 月第 1 版　　印　　次：2021 年 6 月第 3 次印刷
书　　号：ISBN 978 - 7 - 5168 - 0435 - 3

定　　价：29.60 元

前　言

　　帆船、帆板是最常见的水上运动项目，是依靠自然风力作用于帆上，由人驾驶船只或板体行驶的集竞技、娱乐和探险于一体的体育运动。由于具有较高的观赏性和商业性，这两项运动已经成为了最受人们欢迎的体育项目。

　　帆船、帆板运动对场地、设备和运动员的身体素质、运动技能要求比较严格，不但训练的费用十分高昂，而且很艰苦。从某种意义上来说，这也是影响帆船、帆板发展普及的最大障碍。不过，这并不影响人们追求完美、挑战极限的热情。在每场比赛中，总有数以百计的运动员以饱满的精神状态乘风破浪，力争上游！

　　如今，帆船和帆板运动在沿海发达国家和地区非常普及，业已成为世界各国进行海洋文化交流的重要渠道。中国的帆船、帆板运动项目起步较晚，但发展较快。过去，人们在比赛中很难看到亚洲人，尤其是中国人的面孔。而现在，不但有许多中国选手参与比赛，争金夺银者也不在少数。2008 年北京奥运会，中国选手殷剑勇夺帆板 RS：X 级冠军；2012 年伦敦奥运会，中国选手徐莉佳又摘得了一枚帆船激光雷迪尔级的金牌。种种迹象表明，中国帆船、帆板运动员的水平已经与欧美选手持平。我们相信，在殷剑、徐莉佳等一批明星运动员的影响下，中国的帆船、帆板运动一定会发展得更快、更好！

目　录

PART 1　项目起源

帆船运动的起源

世界上最早的帆船

船是人类与大自然作斗争的一个见证，历史几乎同人类文明史一样悠久。科学史家研究发现，最早的船可能就是人类无意间发现的漂浮水上的浮体。后来，人们才学会了做竹筏、木筏，乃至独木舟和皮筏等真正意义上的船。由于当时生产力低下，人们要付出很大的努力才能换来温饱，尚无暇将船用于娱乐、竞技和探险等其他目的，可能仅仅只是把它当成一种劳动和交通工具。

作为一种成熟的水上交通工具，帆船的出现要比竹筏、木筏和独木舟等晚很多年。现有考古资料显示，世界上最早的帆船可能出现在距今 5100 年左右的埃及。仅靠人力划桨来推动船前进，无法远行，而且在有风的时

竹筏是人类最早的水上交通工具之一

反映古人使用帆船情况的石刻

候，在水面上划桨的效率很低。人们在水上操驾船只，不难发现风力可以推动船前进。非洲东部从坦桑尼亚、布隆迪、卢旺达和乌干达开始，流经苏丹和埃及的尼罗河，从南向北流入地中海，总长 6671 公里，是世界上最长的河流。

尼罗河上一年大部分时间刮北风。船舶可以顺风使帆逆流而上，顺流而下。在那里最早出现帆船是可以理解的。一件距今 5100 年的埃及陶器上绘有一只帆船。一般认为，最早的帆船是两根杆子张起帆，不能转动，只能顺风行船。

帆船运动起源于欧洲

在此后的数千年间，世界其他地区的人们也陆续学会了制造和使用帆船。与此同时，社会生产力也有了很大的提升，人们对精神生活的需求有所提高。帆船这种水上交通工具也成了人们娱乐和竞技的项目。

帆船作为一种比赛项目，最早的文字记载见于 1900 多年以前古罗马诗人维吉尔的作品中。到了 13 世纪，威尼斯开始定期举办帆船比赛，但当时的比赛船只没有统一的规格和级别。

现代人仿荷兰古帆船制造的船只

现代帆船运动起源于欧洲荷兰。荷兰的地势很低，被称为低地国家，所以开凿了很多运河，人们普遍使用小帆船运输或捕鱼。在闲暇的时候，年轻人就会聚在一起，举行帆船比赛。久而久之，就形成了一套比赛规则。这就是现代帆船运动的雏形。

再后来，这项起源于民间的运动流传到了上层社会，规则愈发完善了。1662 年，荷兰还和英国举行了一次帆船比赛，比赛路线是从格林威治到格来乌散德再到格林威治。这是早期规模较大的帆船比赛。

到了 18 世纪，帆船俱乐部和帆船协会相继诞生。1720 年前后，英、美、瑞典、德、法、俄等国家先后成立了帆船俱乐部或帆船竞赛协会，各国之间经常进行大规模的帆船比赛。如 1870 年美国和英国举行了第一届著名的横渡大西洋"美洲杯"帆船比赛。

至此，现代帆船运动已经成熟，成了人们最喜爱的运动项目之一。

帆板运动的起源

最早的帆板

帆板运动是指借助风帆力量，驾驭无舵、无座舱船只滑行前进的一项水上运动。它是介于帆船和冲浪之间的新兴水上运动项目。帆板由带有稳向板的板体、有万向节的桅杆、帆和帆杆组成。运动员利用吹到帆上的自然风力，站到板上，通过帆杆操纵帆使阀板产生速度在水面上行驶，靠改变帆的受风中心和板体的重心位置在水上转向，可在海上或江湖中进行。因为和冲浪运动有密切关系，帆板又称风力冲浪板或滑浪风帆。

帆板这项新兴运动明显受到了帆船和冲浪的影响。20 世纪 60 年代末，世界冲浪胜地加利福尼亚马里纳德海港出现了一种加长冲浪板，上面装有能转动的桅杆，受到青少年的青睐。

加利福尼亚是帆板爱好者的天堂

1965 年，美国人纽曼在《流行科学》杂志著文《航行的滑板——一种新奇刺激的高速水上运动》，介绍在冲浪板上装置帆具，借助风力推动行驶。文中所介绍的帆板要求人背向帆操作。因为这种操作不符合人体解剖学的规律，难以驾驶，并没有引起人们的兴趣。

加利福尼亚是许多新奇运动及游戏的发源地，有些酷爱滑水和航海的人注意到这一信息，有志者开始了对帆板的研制。后来，这种新型的运动逐渐流传到了其他地方，被广为接受。

豪卫尔·修万斯的发明

很快，一个名叫豪卫尔·修万斯的电脑工程师利用三年时间研制成了操作人员面对帆驾驶、工艺简单而轻便灵巧的帆板。1968 ~ 1970 年，修万斯将帆与冲浪板结合起来，经过多次试验改装，最后在桅杆的根部加上了一个方向节，终于试制成世界上第一条帆板。

1970 年 6 月，修万斯申请了这项设计的专利权，并命名为"风力滑行板"。帆板诞生后，很快弥补了冲浪运动的不足。选手站在板上，用双手抓住帆杆操纵，便能在无际的大洋中航行上百海里，并能达到每小时 50 多千米的惊人速度，因此颇受人们青睐。

这种驾驶一叶"扁舟"在碧海蓝天之中，可高速行驶，可做技巧动作，玩法多端、引人入胜、乐趣横生、永远不使人厌倦的运动，有很高的锻炼价值，能发展人的力量、耐力、平衡和灵敏，使人体全面发展。参加者始终在搏击风浪，能培养顽强的意志品质。所以帆板运动能以其独特的魅力吸引人们踊跃参与。

邓记公司1973年开始在荷兰批量生产帆板，到1978年年底就售出5万条。大量的帆板器材涌入市场，极大地推动了帆板运动的开展，很快风靡世界，同时培养出一批驾驶技术超群的选手。帆板逐渐从单纯的娱乐、休闲、健身发展成一项竞技运动。

帆船、帆板运动的价值

运动价值是人们一直在探讨的问题。一般认为，运动具有两方面的价值，即健身价值和心理价值。身体和精神的健康是相互依存的，伴随着身体功能的改善，精神状况也能同时得到改善。和大部分运动项目一样，帆船、帆板也兼具健身价值和心理价值，而且在这些方面的价值还特别突出。

健身价值

健身的价值在于提高体适能。体适能包括心肺耐力素质、肌肉力量素质、柔韧性素质和身体成分等。体适能的发展是积极从事锻炼的结果，只有规律性的体育锻炼，如有规律地参加帆船、帆板运动，才能达到最佳的体适能。

提高心肺耐力素质

心肺耐力是指全身肌肉进行长时间运动的持久能力，是体内心肺系统对身体各细胞的供氧能力。人体的心脏、肺、血管、血液等组织的功能是心肺耐力的基础，它们与氧气和营养物质的输送以及代谢物的清除有关。也就是说，健全的心肺功能是健康的基本保证。

经常参加运动可以提高心肺耐力素质，与其他项目比起来，帆船、帆板运动的效果较好。第一，经常参加帆船、帆板运动可以使心肌增厚，收缩力加强，心室容积增大，从而使心脏的泵血功能增强，表现为心血输出量增加，使心脏的能力得到提高。

第二，经常参加帆船、帆板运动，呼吸系统机能也将得到提高，表现为呼吸肌的力量增强，肺活量、肺通气量明显增加，使呼吸系统工作能力提高，以保证对机体供氧的能力。

第三，经常参加帆船、帆板运动，可以促进血管系统的形态、机能和调节能力产生良好的适应力，从而提高机体的工作能力。

第四，经常参加帆船、帆板运动，可以使血液系统产生某些适应性变化，如血容量增加、血黏度下降、红细胞膜弹性增强和红细胞变形能力增强等。

提高肌肉力量素质

肌肉力量是指肌肉最大收缩产生的对抗阻力或负荷的能力。肌肉力量只有达到一定的程度，才能克服外界阻力，而克服外界阻力是维持日常生活自理，从事各种劳动和运动的必要前提。

帆船运动员个个身强体健

系统地参加体育运动可以改善神经系统对肌肉收缩的支配功能，还可以提高肌肉内代谢物质的储备量，以有效地提高肌肉质量，使肌肉力量得到提高。参加帆船、帆板运动则是不错的选择。

提高人体的柔韧性

柔韧性是指人体各关节的活动幅度，即关节的肌肉、肌腱和韧带等软组织的伸展能力。柔韧性对于保证正常生活质量、维持正常体态、预防损伤发生和减轻损伤程度等方面均起到至关重要的作用。

经常参加体育运动可以延缓因年龄因素而导致的柔韧性下降，预防因缺乏运动而导致的关节结构、周围软组织和膝关节肌肉退化，从而使锻炼者的日常生活、劳动和运动等更加充满活力。而对灵活性和平衡性要求极高的帆船、帆板运动无疑是想要提高柔韧性的人们最好的选择之一。

改善身体成分

身体成分是指人体体重中的脂肪组织和去脂组织的重量百分比。身体成分中的脂肪成分增加，肌肉成分必然下降。身体中不具备收缩功能的脂肪组织增加，必然导致身体进行各种活动的能力下降，基础代谢水平降低和肥胖症、冠心病、高血压、糖尿病、高血脂等慢性疾病发病率的提高，因此，身体成分是保证人体健康的重要内容之一。

经常参加体育运动可以改善身体成分。这是因为，随着锻炼者体质的增强，热量消耗便随之增加，进而燃烧掉体内多余的脂肪，使身体成分得到改善。而身体成分的改善，又可以减少体重对关节可能带来的不利影响，还可以使肥胖者的心理状况得到改善，增强其自尊心和自信心，使其逐步建立起健康的生活方式。

心理价值

研究证明，有规律的体育锻炼不但可以使锻炼者增强体质、促进身体健康、预防一些慢性疾病，还可以提高锻炼者的生活满意度和生活质量，对其心理健康产生明显的积极影响。和大部分体育运动项目一样，帆船和帆板运动在这方面的作用十分突出。总体来说，经常参加帆船、帆板运动，具有以下 6 个方面的心理健康效应。

改善情绪状态

参加帆船、帆板运动可以改善人的情绪状态。研究发现，体育锻炼对人的情绪状态具有显著的短期效应。运动后人们的焦虑、抑郁、紧张和心理紊乱等症状的程度显著减轻，而精力和愉快程度则显著增强。而

帆船运动员一脸笑容

且这种情绪的迅速变化，与锻炼者个体的健康状况、活动形式和活动强度等有着直接的联系。

除此之外，帆船、帆板运动对人情绪的长期效应也有着直接的影响。与不锻炼者相比，有规律的锻炼者在较长时期内很少会产生焦虑、抑郁、紧张和心理紊乱等情绪。

完善个性行为特征

人们的行为特征一般可以分为两种类型，分别用 A 型行为特征和 B 型行为特征来表示。A 型行为特征主要表现为性情急躁、争强好胜、容易激动、整天忙碌和做事效率高等。B 型行为特征主要表现为不好竞争、不易紧张、不赶时间、对人随和、喜欢自由自在等。

具有 A 型行为特征的人由于过度紧张的情绪反应，会引起内分泌失调，增加心脏病发病的几率。目前的一些研究主要集中在体育锻炼对改变 A 型行为特征的作用方面。研究结果表明，有规律的体育锻炼能明显改变 A 型行为特征，使其发生显著的积极变化。

确立良好的自我概念

自我概念是指个体对自己身体、思想和情感的主观整体评价，它由许多自我认识组成，包括我是什么人、我主张什么和我喜欢什么等。

经常参加包括帆船、帆板运动在内的体育项目锻炼，可以使锻炼者体格强健、精力充沛、提高驾驭身体的能力，从而改善对自身的满意程度，确立良好的自我概念。

改变睡眠模式

根据脑电图的显示，人的睡眠可以分为两种状态，即慢波睡眠状态和快波睡眠状态，前者为浅度睡眠状态，后者为深度睡眠状态。一夜之间两种睡眠状态会交替发生 4 ~ 5 次。经常参加包括帆船、帆板项目在内的体育运动不仅对慢波睡眠有促进作用，而且能缩短入眠的潜伏期，并延长睡眠的时间。

改善认知能力

经常参加包括帆船、帆板项目在内的体育运动，能改善人的认知过程，避免反应时间过长、注意力不集中和思维混乱等症状的发生，尤其对青少年的认知能力，改善效果更为明显。

增加心理治疗效应

体育锻炼被公认为是一种心理治疗的好方法。目前人群中常见的心理疾患是抑郁症和焦虑症。研究发现，体育锻炼是治疗抑郁症的有效手段之一，抑郁症患者经过有规律的体育锻炼，抑郁症状能显著减轻。体育锻炼还具有治疗焦虑症的作用，经过有规律的体育锻炼，可以使锻炼者的焦虑症状明显改善。

PART 2 历史发展

世界帆船、帆板运动的发展

帆船运动的发展

现代帆船运动成熟之后，迅速传遍了世界各地。1900 年，举行了第一次世界性的大型帆船赛。1906 年，英国的史密斯和西斯克·史坦尔专程去欧美各国与帆船领导人商谈国际帆船的比赛等级和规则，并提议创立国际帆船竞赛联合会。1907 年，世界第一个国际帆船组织——国际帆船联合会（International Sailing Federation）正式成立，简称"ISAF"。ISAF 下设国际残疾人帆船运动联合会（IFDS），从事残疾人帆船运动。

工业技术的进步使得小帆船取代了大帆船

20 世纪 40 年代以后，由于工业的发展，造船及制帆材料得到了不断的改进，小型帆船才在世界上得到了不断的改进，并得以迅速普及。随之而来，在奥运会规定的比赛级别

里，小型帆船也就逐步取代了大型帆船。后来，国际性的帆船比赛全部都改成了船体较轻较小的帆船。但是大型帆船在一些国家仍很普遍，主要是用来远航，有时横穿大洋，因为在船上可以食宿，一次比赛可以长达很多天。

帆船运动与奥运会

帆船是最早进入奥运会的项目之一。1894 年 6 月经过巴黎国际体育会议协商，历史名城雅典，赢得了首届现代奥运会主办权。但是由于财政上的困难，雅典政府在如期举行首届奥运会的问题上有些消极。经过了现代奥运创始人顾拜旦以及希腊王储康士坦丁等人的一系列努力，第一届奥运会克服重重困难，终于在 1896 年 4 月 6 日开幕了。这是历届奥运会举行月份最早一次。东道主之所以将开幕式

现代奥林匹克之父顾拜旦

选在这一天，是为了纪念希腊反抗土耳其统治起义 75 周年。

据资料记载，第一届奥运会就把帆船列为正式竞赛项目。遗憾的是，此次奥帆比赛后来未能如期举行。据说，由于天气情况恶劣，海上风浪太大，主办方担心出事，遂取消了帆船比赛。还有一种说法是，由于报名人数不足，帆船比赛未能举行。

1900 年，第二届奥运会在巴黎举行，帆船被列为正式比赛项目运动，共进行 7 个项目的比赛。此后，除在美国圣路易斯举行的第三届奥运会没有帆船比赛之外，其余各届奥运会都有。

奥帆比赛级别变迁

第二届奥运会帆船比赛是在塞纳河上进行的。比赛共有 7 个级别，

分别是公开级、0.5 吨级、0.5～1 吨级、1～2 吨级、2～3 吨级、3～10 吨级、10～20 吨级。可以看出，早先的奥运帆船比赛主要是按照船的重量来分项的，而且都以大型船艇为主。

1908 年第四届奥运会起改为以艇身长度分级，1928 年第九届奥运会以前以重量或长度分型，如 0.5 吨以下级、0.5～1 吨以下级、12 米型、8 米型等等。早期奥运会比赛船型不固定。而现在的比赛已经按照级别严格区分，重量和尺寸都相似的船只归入同一比赛级别。

随着比赛级别不断变化，船艇不断改进：玻璃钢问世使船艇的造价降低，工艺水平提高，轻巧而小型的帆船逐渐替代老式帆船。

在奥运会规定的比赛级别里，小型帆船也就逐步取代大型帆船：1976 年，在第二十一届奥运会上，6 个级别比赛全部改成船体较轻小的帆船。1992 年，在第二十五届巴塞罗那奥运会上，比赛级别达到男女共 10 个级别。

目前奥运会帆船比赛都采用奥林匹克梯形航线或是迎、尾风航线进行比赛。帆船原为男女混合项目，从 1988 年奥运会起男女分开设项。1988 年汉城奥运会设立了女子 470 级的比赛。2004 年索林级从奥运会男子项目中被删去，取而代之亮相的是女子鹰铃级的比赛。

2004 年第二十八届奥运会设男子米斯特拉级帆板、女子米斯特拉级帆板、芬兰人级、激光级、男子 470 级、女子 470 级、49 人级、托纳多级、星级、欧洲级、鹰铃级 11 个项目，共有 400 名运动员参加比赛，其中男子 4 个项目、女子 4 个项目，另外 3 个项目是"公开"的，即男女运动员可以同时参加比赛。每个协会每个项目最多 1 条船参加。

帆板运动的发展

国际上视帆板为帆船运动的一个项目分支。1981 年，帆板运动就是作为帆船的一个级别被接纳为奥运会大家庭的一员的。1984 年，洛杉矶奥运会第一次把帆板列为正式比赛项目。

此后，所有大型综合性帆船赛事都有帆板比赛，每年世界各地还举行经常性的职业选手系列赛。1992年第二十五届奥运会列入男、女帆板两个项目。参加帆船运动，运动员始终在搏击风浪，可以磨炼意志，使人的体力、耐力、平衡力与灵敏等方面得以全面发展。

这项运动的开展在欧美国家已有较长的历史，但由于冲浪板前进的动力来自涌浪，因此它只能在有较大涌浪的水面上才能开展运动。由于受场地条件所限，影响了这项运动的普及。

现在所有大型综合性运动会如奥运会、亚运会、全运会都有帆板比赛，每年世界各地还经常性地举行职业选手系列赛。

现在帆板经过不断地改进，目前已经有了众多的级别与型号，例如冲浪板、速度板、翻波板、竞赛板等。

帆板在1984年被正式列入奥运项目

RS：X是2008年奥运帆船赛的级别。这个级别的板体短，帆面积大，因此对选手的体能有更高的要求。

中国帆船运动的发展

中国帆船运动起步晚

中国是世界上造船航海历史最悠久的国家之一。早在5000年前，勤劳的中国人就开始制造舟楫了。到了商代，已经出现了帆船运输。唐代对外贸易的商船直达波斯湾和红海之滨，所经航路被誉为"海上丝绸之路"。那时使用的海船具有9个水密隔舱，抗沉性好，并设有帆和舵，可利用侧逆风行驶。

12世纪初，中国首先将指南针用于航海导航。15世纪初至30年代，郑和率巨大船队7次下西洋，所用宝船有9桅12帆，长44丈，宽18丈。船队大小船200余艘，最远航程到达非洲东岸现今的索马里和肯尼亚一带。

中国"郑和宝船"复原图

然而，中国制造和使用帆船的历史虽然悠久，但将其作为一种体育竞技项目，起步却比较晚。直到20世纪50年代初，中国才开始涉足于航海运动。

当时，舢板荡桨和驶帆等航海运动在群众中广泛开展。其中，舢板驶帆运动所用的竞赛方法、规则和操作原理都与帆船运动大体相同，仅船只和帆的形状有区别。随着航海多项运动的开展，1954年，中国正式在青岛开展帆船运动。1958年，上海、武汉、广州、青岛、哈尔滨等城市在武汉东湖举行帆船表演赛。

到了20世纪60年代初，沿海各城市相继建立了航海俱乐部，成为发展这项运动的据点。"文革"期间，帆船运动一度被终止，直到1976年才逐步得以恢复。1978年，国家体委在原有舢船和帆船运动的基础上进一步开展了帆船运动，于当年举办了帆船训练班。

20世纪70年代末期，国家体委（现国家体育总局）在原有的舢板驶帆运动的基础上进一步开展了竞技帆船、帆板运动，先后开展的级别有芬兰人级、火球级、飞行荷兰人级、激光级、企业级、欧洲级，帆板项目中的温德瑟弗尔级、D2 级、莱克耐尔 A390 级、米氏级和 RS：X 级，并于当年在青岛举办了帆船教练员培训班。1979 年，正式举办了"芬兰人"和"飞行荷兰人"两个级别的全国帆船锦标赛。

中国帆船运动进步较快

中国的帆船运动虽然起步较晚，但进步较快。1980 年以后，国际间的交往开始增多，相继有外国帆船专家、选手来访和讲学。1981 年 5 月 11 日，中国帆船帆板运动协会成立，标志着中国的帆船运动进入了一个崭新的历史阶段。

1983 年，帆船项目第一次被列入第五届全国运动会。之后，全国性的帆船运动每年都会举行，且级别逐渐增多。从这段时间开始，我国帆船运动加强了国际交往，请外国帆船专家、运动员来访和讲学，同时组建了国家集训队，选派人员赴国外学习。

1984 年，中国派出了一个大型体育代表团参加了第二十三届洛杉矶奥运会，其中包括参加帆船比赛的 4 名运动员。他们是男子 470 级的许贤元、郑开平；男子帆板级唐庆才；芬兰人级涂光明。最终他们分别获得了各自项目的第 24 名和第 25 名的成绩。

国家队先后参加了 9 次亚运会和 8 次奥运会，以及数次世界锦标赛和亚洲帆船锦标赛。帆船运动水平的大幅度提高，确立了我国在这个运动上的亚洲领先地位。自帆船运动恢复开展以来，我国帆船运动员共获得亚洲和世界锦标赛金牌数

中国帆船运动员许贤元（前）在训练中

十枚，蝉联多项亚洲冠军。

在第十届亚运会上，我们荣获了男子帆板冠军和男子470级的冠军；在第十一届亚运会上，我国帆板选手囊括了男女两个级别的冠军，帆船选手囊括了男、女470级帆船和激光级帆船3个级别的银牌。

在1992年的巴塞罗那奥运会上中国女子帆板选手张小冬一举夺得亚军。1996年美国亚特兰大奥运会，中国香港选手李丽珊获得女子帆板冠军，改写了亚洲没有奥运会帆船项目冠军的历史。

1997年中国帆船帆板协会成功地主办了世界冠军巡回赛，5个分站为：福建省东山县、厦门市、广东省汕尾市、深圳市和香港。同年，为迎接香港回归，在国家体育总局水上运动管理中心的领导下，国家体育总局青岛航海运动学校组织11艘大帆船从大连出发，沿海路一直南下，最终抵达香港，历时14昼夜，航程1997海里，开创了我国大型帆船远航的先例。

进入21世纪之后，中国选手在世锦赛、奥运会和亚运会等国际性的比赛上表现都不错，还涌现出了一批明星级的选手，如徐莉佳。在2002年釜山亚运会上，年仅15岁的徐莉佳就获得了帆船女子OP级冠军。后来在改练激光级项目8个月后，首次参加世锦赛的她就以压倒性优势夺冠。2006激光雷迪尔级帆船世锦赛，徐莉佳提前一轮夺冠，为中国帆船夺得了首枚世锦赛金牌。在同年举行的多哈亚运会上，徐莉佳激光雷迪尔夺冠。

2008年的北京奥运会，徐莉佳又获得了帆船激光镭迪尔级女子单人艇的季军。2012年的伦敦奥运会，她又成功摘取了该项目的冠军。

中国的奥帆城市——青岛

2001年，中国北京获得了第二十九届奥运会的主办权。作为北京奥运会的协办城市，青岛同时获得了2008年奥帆赛的举办资格。

青岛拥有32个天然海湾，许多海湾都非常适合开展帆船、帆板运动，是中国现代帆船运动的发源地之一。20 世纪 20～30 年代，青岛的外国侨民很多，总数达 7 万人。一些欧美人士看好青岛的气候、地理环境和商贸地位，于是纷纷来青岛定居、生活、度假……将欧洲的帆船运动带到了青岛，并渐渐风行起来。

新中国成立后，国家对水上运动非常重视。1953 年年初，中国第一个航海运动训练基地在青岛汇泉湾诞生，并开始从中学生中遴选优秀运动员进行专业训练。当年 5 月，

徐莉佳在伦敦奥运领奖台上

国家队的训练基地——青岛航海俱乐部（现在的国家体育总局青岛航海运动学校）正式成立。

1979 年，中国人自己打造的第一条帆板在青岛试制成功，并在第四届全运会摩托艇比赛开幕式上作了成功的表演，获得了各方面的认可。

2001 年 7 月，北京申奥成功，青岛以优越的地理位置和海洋优势成为 2008 年奥运会帆船项目比赛的举办城市。赛前，从市政府到普通民间组织达成了这样一种共识：承办"有特色、高水平"的奥帆赛，是历史赋予青岛的发展机遇，筹办一届出色的奥帆赛并在此基础上打造"帆船之都"是青岛市政府筹办奥帆赛的重要战略构想。奥帆赛给了青岛一支画笔，青岛也用这支神奇的画笔描绘了一个更具生机和活力的自我。

青岛将战略决策定位在"抓住奥帆赛的机遇，加快构筑有特色的现代化国际大城市框架"上，让青岛这座获得联合国"中国人居环境奖"的城市，朝着适应新世纪拓展产业发展空间和城市发展空间的方向大步

迈进。大海深处象征着希望的点点白帆，正在把青岛人的世纪梦想一步步实现。仅用两年的时间，一座颇具国际水准的现代化帆船中心便拔"海"而起了。

作为北京 2008 年奥运会第一个落成并投入测试的比赛场馆，青岛奥林匹克帆船中心用一个个看得见、摸得着的生动镜头，向世人展示着科技奥运、绿色奥运的丰富内涵：建成的世界上最宽大的下水坡道可以适应青岛潮差较

青岛奥帆中心鸟瞰

大的特点；采用的世界最先进的无桩式泊位，能随着潮差的起伏灵活地调整停船位置；用海水作为能源的空调系统促进着海水清洁能源的利用和推广；靠风力发电的路灯不仅绿色环保，更称为青岛海岸线上一道耀眼风景；在防波堤上建成的观众看台让更多市民在观看百舸争流中体验凭海临风……几乎所有到过帆船中心的人都由衷地感叹她的壮观和美丽。

2008 年 8 月 9 日至 21 日，11 个帆船项目在青岛奥帆中心相继举行。青岛果然不负世界所望，成功地将此次奥帆比赛打造成了最成功的国际性比赛之一。

中国帆板运动的发展

中国帆板运动起步晚

中国的帆板运动起步较晚。不但欧美国家开展此项运动的时间比中国早，亚洲的日本等国接触帆板运动也比中国早。帆板运动在美国兴起之后，迅速流传到世界各地。

日本是亚洲开展帆板运动最早的国家，早在 1973 年就开展活动。随后，泰国、新加坡、香港等国家和地区也开展了帆板运动。直到 1979 年，国家体委青岛航海运动学校试制成功第一条帆板，中国才开始开展此项运动。

在 1979 年的第四届全运会的摩托艇比赛开幕式上，首批帆板运动员作了成功的表演，获得了各方面的认可。此后，帆板运动才逐渐在中国兴起。1980 年，12 个省市派教练员参加了由国家体委青岛航海运动学校举办的教练员训练班。1981 年 8 月，在青岛举行了我国首次帆板竞赛，参加的有北京、辽宁、河北、山东、安徽、浙江、江西、湖北、福建、广东、广西共十一个代表队 53 名运动员。使用国产器材，共设 6 个项目。山东、安徽各获两项第一，广东、北京各获一项第一。

中国帆板运动发展较快

帆板运动在中国兴起之后，得到了各级政府、体委的有力支持，很快普及到了 15 个省市、30 多个城市。先后有 6 个厂家生产帆板，支持帆板选手的训练和竞赛。我国帆板教练员和科研人员对帆板运动的技术理论、训练方法和手段不断地进行探索和研究，同时吸取国外的先进技术，对有帆板运动潜质的青少年进行系统的刻苦训练。

由于我国有以上诸多有利因素，尽管我国帆板运动开展的时间短、资金少，但进步快、追赶能力强。1982 年，我国帆板运动员首次在第九届亚运会亮相时排名第四，到第十届、第十一届和第十二届亚运会时，所设的帆板金牌尽收中国帆板运动员的囊中。在重大国际竞赛中，女子选手曾获得过三次世界锦标赛金牌，并在第二十五届巴塞罗那奥运会上获得银牌。我国香港帆板运动员获得第二十六届亚特兰大奥运会金牌。

在 2006 年世界帆船运动会女子 RS：X 级帆板决赛中，中国选手陈秋斌夺得一枚金牌，创造了中国在世界帆船运动会同时也是世界大赛上的历史。在同年举行的青岛国际帆船赛中，方镇南男子帆板夺金。

与此同时，中国还出现了一批明星级的运动员，如殷剑。从 1997 年开始，殷剑在各级赛事上的表现不俗。她先后获得多项国家赛事冠军，又在第七届全运会中的帆船项目中排名第四。入选国家队的次年在亚运会中得到一枚银牌，又在其后的亚洲锦标赛赢得了冠军。

2004 年，殷剑在几乎在赛前落选的情况下为中国摘下了一枚极难能可贵的雅典奥运会米氏板赛事的银牌，该银牌是中国在奥运上第二枚帆船项目奖牌。在 2008 年奥运会女子帆板 RS：X 级决赛里，殷剑又一举获得冠军，为中国代表团夺得奥运会历史上第一枚帆船项目的金牌。

中国帆板运动水平的不断提高和良好的自然水域，引起国际帆船、帆板界的关注，经常委托中国帆船、帆板运动协会主办或承办洲际和世界范围的帆船、帆板竞赛。如 1996 年在广东汕尾举行的亚太地区帆板锦标赛暨奥运精英赛，有来自亚洲、欧洲、非洲、美洲、大洋洲等 19 个国家和地区的 180 多名运动员参加了国际翻波级、国际竞赛板级、国际温德色费尔级和国际米斯特拉统一设计级 4 种级别的比赛，这是世界首次举行的 4 种级别的同场竞赛。

中国主办和承办大型国际帆船、帆板竞赛的组织能力和中国人民的热情，深受来华参赛人士的赞扬。多次来华担任仲裁工作的国际帆联帆板委员会前主席阿龙·布特兹写道："每次我访问中国后，我都是带着我所受到的热情款待和中国帆协在组织大型帆板比赛方面出色能力的美好回忆回到我的祖国。现在我知道帆板项目在中国是热点之一，我相信你们将在今后的国际比赛和奥运会上取得优异成绩。"

PART 3 目前状况

世界帆船、帆板运动现状

目前，世界上大约有 120 多个国家和地区开展帆船、帆板运动，在欧美和大洋洲最为普及，帆船运动水平也最高。每年在这里举行的各级别世界和洲际比赛不计其数，吸引着大批的爱好者。

此外，美国、亚洲的日本、韩国、菲律宾、印尼等国家也有较多的帆船爱好者。这些沿海国家和地区建立了专门的帆船港（英文名称为 Marina）并具有良好的航海水域。

近几年，帆船航海已成为这些地区人们进行度假、旅游和娱乐的活动方式。随着社会经济和人们生活水平的不断提高，帆船、帆板运动也得到了广泛普及与发展并派生出许多新的运动项目，比如风筝滑板及可在沙地、草原、雪地、冰上等驾驶的帆船和帆板。

中国帆船、 帆板运动的现状

由于组织帆船竞赛场地器材较繁杂、裁判要求较高，经多年建设，我国已拥有青岛、秦皇岛、海口、厦门、东山等多处帆船竞赛场地，建立起一支熟悉规则和竞赛组织法的裁判队伍，已成功组织了亚洲帆船锦标赛和亚运会帆船比赛。

由于财力原因，我国帆船运动开展的专业项目仅 470 级等奥运会项目中的 7 个小项，外加少年 OP 级帆船。目前我国有 20 个省市和地区开展了帆船运动，全国约有 200 余个业余俱乐部开展了帆船活动，参与帆船运动的人数逐年成倍增长，现约有近 3 万人投入到帆船运动当中。

不过，由于场地、器材等条件限制，活动面还不够广泛，开展帆船运动主要是沿海省份，也有少数沿大湖的省市，比如山东、浙江、福建、上海、广东、海南、湖北、江苏、辽宁、四川、北京等。其中，山东、福建、浙江技术水平较高，有些项目上海、湖北也很好。江苏、辽宁、四川、北京主要是开展 OP 级少年帆船。

帆板运动在中国的普及程度也不高，但水平已经达到世界级水准，尤其是女运动员。殷剑、周元国、张小冬、李丽珊等都曾在该项目中取得不俗成绩。

PART 4 场地设施

帆船、帆板比赛场地

帆船、帆板竞赛场地

奥运会的帆船比赛通常是在海上举行，1900年的第二届巴黎奥运会帆船比赛是在塞纳河上举行的。因此如果主办城市不是沿海城市的话，它需要一处近水的场馆来组织帆船比赛。

帆船是依靠风作为自然动力行驶的，所以举办帆船比赛的海域在比赛期间应当具备一定的风力条件，通常帆船比赛适用的风速范围是2.5～12米/秒。另外，比赛的海域不能有险恶的涌浪或者海流等海洋状况，被污染的海域也不适合进行帆船比赛。

奥运会的帆船比赛场地要根据比赛的项目数量来设定。通常每块场地可以同时举行2～3个项目的竞赛。最近几届的奥运会帆船比赛都是有10个或者11个比赛项目，因此需要4～5块竞赛场地。2008年奥运会帆船比赛的场地是5块，它们是直径从1～1.5海里的圆形海域。通常距离海岸0.5～1公里。如果条件允许，场地可以更靠近岸边，以提高观赏性。

帆船、帆板竞赛航线

帆船比赛是通过在竞赛海域放置若干的浮标，参赛船只按照一定的规则、顺序绕过浮标完成比赛的过程，参赛船只航行经过的浮标构成了航线。传统的比赛航线包括三角形航线、香肠形航线等。

2008 年奥帆比赛场地

近年来，奥运会帆船比赛开始采用新型的梯形航线。梯形航线的优势是能充分利用航线的宽度，可以同时举行两个项目的比赛而互不干扰。

帆船的设备和设施

现在世界上拥有的帆船，据不完全统计有 1000 多种，但归纳起来可以分为三大类：第一类是龙骨艇，也叫稳向舵船。其船体的中下部突出一块铅铊或铁铊以稳定船体，减少船体横移。

第二类是稳向板船，在船体中部内有个槽安放稳向板，稳向板根据需要可以上下移动，其作用是减少船体横移，这类帆船轻而快，设备较简单，因此目前世界上开展最为普及。

第三类是多体船，船体由两个船身连接在一起组成，也称双体艇。世界上虽然有千种以上的帆船，但被国际帆船联合会承认并作为国际比赛规定级别的只有 60 多种，帆船的级别主要根据船体的线型，长、宽、高、船的吃水、桅杆的高度和帆的面积等来区分。

帆船的"躯体"

就像人的四肢、身躯构成了人体的主要部分一样，帆船也有自己的身躯——船体，指的是帆船的主体或框架，主要作用是防止水进入船中。

根据不同的帆船类型，船体主要有两种：单体和多体。它的主要构成为：

船体——帆船的主体。

船首——帆船的前半部分。

稳向板——使船更稳定，帮助掌舵，防止船侧移，常用在小的帆船上；可调整，可在顺风航行时移走。

龙骨——固定的大的梁或金属片，位于船体下面；提供帆船极大的稳定性，防止船侧移。

船位——帆船的后半部分。

方向舵——在船后沿中间的可移动的竖直状盖或板；用于掌舵或控制方向。

舵柄——控制舵的操作杆。

船尾——船的后部的平面。

帆的构成

单靠船体，船是不会自己航行的，还需要许多必要的"装备"，如帆、桅杆和索具等。帆船一般具有单帆或多帆，它们是帆船赖以"飞翔"的"翅膀"。现在的航行，使用较多的是多帆单桅帆船，它由主帆、前三角形帆和球形帆组成。竖直的桅杆直刺蓝天，起到支持船帆的作用。

除此之外，还需要支持桅杆的索具（一般的小船由于自身的灵巧，不需要索具，而对于大多数帆船来说，索具则是必须的）。人们把桅杆与船体通过坚固的绳索连接起来，称作支桅索。桅杆与侧船弦的连接索称作侧桅支索，桅杆与船头的连接索称作前桅支索。

索具还有一个作用，就是操作船帆，人们称之为操作索具，它们包括：主缭索，前缭索，后角索，主帆升降索，前角索，以及斜拉器等。

帆是大而坚硬的织物，它来提供帆船在水中行驶的动力。现代帆船多使用三角帆，所使用的也多是人造纤维材料，如达克龙或凯夫拉。根据动力学原理，帆的形状不是完全扁平的，它们被缝制成类似飞机机翼的弧形。

人们张帆远航时，要视风的具体状况来决定使用的帆的大小，如在微风时使用全主帆及大前帆，强风时应缩小主帆及配合使用小前帆。一般而言，在不清楚使用何种主帆及前帆的情况下，建议由小到大的方式处理，避免发生意外及扯坏帆具（帆船比赛除外）。

下面简要介绍一下帆的主要部分构成：

顶——三角型帆的最高角。

主帆——通常是最大的帆，提供最多的帆船动力。

前桅帆——主桅前方飘动的帆。

船首三角帆——三角形的前桅帆。

后缘——帆的后边。

前缘——帆的前边。

受风——帆的前边较低的点或角。

帆尾下角——帆的后边较低的点或角。

帆底——帆的最低边。

索具装备

索具装备是帆船的"筋脉"，起到连接船体各个部分的作用。主要包括：

主桅——高大直立的支撑柱。

帆杆——水平铝柱，固定支撑主帆底部。

横撑——小的杆或棒，防止横桅碰到主桅。

固定索具——一系列电线装置，系紧主桅。

支索——电线或绳索，固定主桅向前或向后。

桅索——电线或绳索，固定主桅向上，并支撑横撑和主桅间的三角。

活动索具——升降，控制帆的绳子的合称（升降索，控帆索）。

升降索——拉起帆的绳子。

控帆索——控制帆的绳子。

帆船的"关节"——绞盘

绞盘用来固定和盘绕索具，是帮助升帆或控帆时使用的机械转盘。系缆角（夹绳器，羊角，条形夹绳器）内有齿，用来加强固定索具。使用时顺时针由底部向上，将绳索缠绕至少三圈于绞盘上，收紧绳索尾端直至无法再收紧为止，装上绞盘把柄于绞盘顶端并且同时转动把柄拉紧绳索尾端。

盘索座（羊角），夹绳扣，用以固定绳索。羊角形盘索座需要将绳索以八字型方式缠绕，而夹绳扣则是利用机械或导槽式的方式快速放松或固定绳索（一些古帆船用的是羊角的盘索座用于固定控帆索，现代的帆船则一般都使用夹绳扣来固定）。固定前帆索应采取在必要时候能够快速解开的方式固定。

帆板的设备和设施

帆板的结构

由于帆板运动的动力是自然风作用在帆上的压力和水作用于板的升力，对于不同的帆板尺寸和装配所受到的风与水的作用力是不同的。为保证比赛的公正性，在运动员下水前对每一条帆艇的尺寸、重量与装配必须进行丈量和审查。帆板器材简单轻便，国际统一型号的米斯特拉级帆板的板体长 3.72 米，宽 0.65 米，厚 0.2 米，桅长 4.95 米，帆杆长 2.2 ~ 2.4 米，帆 7.4 平方米，全套重量 20 公斤以下。

帆板的构造很简单，主要由一块玻璃钢航板和一张尼龙三角帆组合而成，所以有"冲浪板式的帆船"之称。帆板的每部分都直接关系到帆板在航行中的表现。这些部分可以自由拆卸组合，步骤非常简单，熟手只要几分钟就可完成，携带也很方便。

帆板器材分为板体和帆具两大部分。板体部分包括板体、稳向板、尾鳍、脚套和桅滑轨。帆具部分包括帆、桅杆、帆杆、加长管和万向节。

板体

航板的外形同冲浪板很相似，一般长 3.5 ~ 4 米，宽 60 ~ 70 厘米，板头尖而略微上翘，板尾半圆形，似墨鱼骨，重 20 ~ 27 公斤。现行的航板都是在模具中灌以玻璃纤维、塑胶或 ABS 硬胶而成，通常整块板都充塞膨胀的塑胶泡，以增加浮力。一块好的航板必须没有锋利的边缘，以免伤害到仅穿泳装的航行者；而板面则须粗糙，使航行者能用赤脚抓紧板面。板上的船具包括帆杆、帆等，用万向接头与板身连成一体。

稳向板

帆板前进时可以起到减少板体横移、提高前进效率和稳定航向的作用。稳向板上下活动可以改变板体侧面阻力中心位置。

尾鳍

为一块小胶片，装在航板尾部底下。它的作用在于使航行方向稳定，并协助变换方向，其重要性与风力大小成正比，所以无论如何不能将它拆下。可以减少帆板曲线航行。

帆

标准的帆多用三角形的尼龙布制成，通常帆的边缘五颜六色，色彩强烈而艳丽，但中间一大块，特别是与人齐高的地方，则是无色透明的，称为视窗，以使滑行者能有良好的视野。

帆杆

大致分为玻璃纤维制品和缵制品两类。玻璃纤维帆杆用于一般滑行，弹性较大而且较为耐用；竞赛滑行适宜使用质地坚硬并能提供高速度的铝制帆杆，不过这种帆杆较易折曲。

运动员在检测、保养帆船

帆桁

利用两个半圆形的横木，在头尾两端连接，并分别固定在前帆缘和后帆缘上，将帆四周围住。似叉骨，所以俗称叉骨形帆桁，又名横式手把柄。帆桁是一支省力的杠杆，用以操作帆板和保持身体平衡；帆桁是滑行者唯一的舵，初学者可在帆桁的左、右横木上分别涂上绿色和红色的线条，以识别左舷和右舷，方便行驶。

加长管

桅有了加长管就可以配合级别规则规定的大、小帆型使用，使其适用性更大。运动员可以根据风力的大小改变桅杆高度，便于操帆。

万向节

万向节是板体与桅杆的分合装置，它可以使桅杆随意转动和倾斜，使帆和风十分合理地接触、获得最大的前进动力。桅杆通过万向节前倾后倒改变帆受风中心位置，与侧面阻力中心形成力偶，促使帆板改变航向。万向节上连桅帆动力，下接板体，承上启下将推力传递给板体，使其前进。万向节有多种形式，但任何一种都应具备转动上的灵活可靠性，与桅装配的轴向性和抗弯曲的刚性及弹性。

帆插板

帆系柔性体，帆插板犹如鱼的骨棘，它可以在帆受风时保持理想的设计帆型，充分利用空气动力，提高帆的效率。

帆角索装置

帆角索主要由绳索和滑轮组成。前角索主要用于调整桅杆弯度，减少帆前缘弧度；后角索用于调整帆后缘最大弧度前移，起到逐渐减少帆弧的作用。按驶帆时风的大个、帆型的不同，前后配合调整，提高帆的效率。

米斯特拉级帆板

脚套

不要小视脚套在板体上的排列和使用位置，它不仅在人、板、帆这个相对水面的系统中给驾驶者一个可靠的支点，而且对调整板体倾角和风向角有至关重要的作用。

帆板的分类

（1）从板体的横断面线型分类：平底板型、圆底板型（亦可称排水型）。

（2）从板体的长度分类：短板、长板。长板大多以板长 3.5 米为界。

（3）按用途分类：娱乐板、竞赛板。

（4）按有无稳向板分类：翻波板、竞速板。

（5）按帆的几何形状分类：早期的帆板多配 A 型帆，现在的帆板多配 B 型帆。这种按帆板所配帆的几何形状的分类方法比较牵强。

当前影响最大的三种板型

"温德色费尔"平底板

这种板型有两种规格：一种规格是板体比较长、宽度窄，帆面大，其特点是速度快，稳定性差，适用于男性或帆板技术操纵熟练者；另一种规格是板体比较短、宽度大，帆面小，其特点是稳定性好，速度慢，适用于女性和初学者，较大风浪情况下较适用。主要规格尺寸如下：

（1）板体长 3.65 米，板体宽 0.66 米，稳向板吃水 0.61 米，桅杆长 4.3 米，帆杆长 2.7 米，帆面积 6.3 平方米，板体重 18 公斤，总重 28 公斤。

（2）板体长 3.5 米，最大宽 0.81 米，帆面积 4.6 平方米，总重 31 公斤。

"温德格莱德"平底板

这是世界众多板型中比较优秀的一种。规格尺寸为：板体长 3.9 米，板体宽 0.65 米，帆面积 6.3 平方米，板体重 20 公斤。

"温德格莱德"平底板

"米斯特拉 – OD"平底板

这种平底板是目前世界上最优秀的板型，1996 年已列入奥运会比赛级别。"米氏"板已形成系列产品，种类很多。

帆板的存放

垂直存放

在墙上设立一个悬挂系统（要求 2 米高，并且每个间隔 25 厘米），以及橡皮地面用于保护帆板。或者准备垂直的带锁的存物柜，要求 70 厘米深、40 厘米宽，能存放帆板、桅杆、帆、中插板和衣服。这个地方必须有空气流动和排水系统。

水平存放

把帆板和帆以头朝前方向横向安装在金属或木头制成的支架上，并且保持每个至少间隔 25 厘米。支架必须用软性材料覆盖（橡胶、塑料、PVC 材料）。在这个系统前端必须有一个深 70 厘米、宽 40 厘米的存物柜，从而可以整体容纳帆板、桅杆、稳向板和衣物等。这些地点必须有通风和下水系统。

国际性帆船比赛常设级别

托纳多级帆船

托纳多级帆船是由双人操纵的双体船，是直线速度最快的奥运会帆船，长 6.10 米，宽 3.05 米，帆面积 21.8 平方米，船重 140 公斤。被 1976 年蒙特利尔奥运会首次列入帆船项目，设计者是英国人 Rodney Marsh。驾驶托纳多级双体船与单体船的要求不同，顺风行驶时操纵的水平带来的速度差异很大，在浪中航行较困难。

星级帆船比赛

星级帆船

星级帆船是双人操纵的龙骨型帆船，长 6.92 米，宽 1.73 米，帆面积 26.9 平方米，船重 662 公斤，主帆上有一个五角星。星级是资格最老的奥运会帆船级别，该级别于 1911 年由美国人 William Gardner 设计，1932 年被列入洛杉矶奥运会的比赛项目。该船的特点是有一个较小的船舱，帆较高，桅杆长而有弹性。该船较大的帆面积和调整的难度需要选手具有高超的技术经验和较大的体重，世界上最优秀的舵手往往出自于该级别。

470 级帆船

470 级帆船是双人操纵的稳向板型，有球形帆，长 4.7 米，宽 1.68 米，

帆面积 12.6 平方米，球形帆 14 平方米，船重 115 公斤。1976 年蒙特利尔奥运会被列入比赛项目，设计者是 Andro Corno。1986 年的釜山奥运会首次引入女子 470 级的比赛。470 级帆船运动在世界上开展较普遍，船的操控性能好，在轻体重选手中较受欢迎。

470 级比赛

英凌级帆船

英凌级帆船是三人操纵的龙骨型帆船，长 6.35 米，宽 1.73 米，帆面积 14 平方米，船重 200～230 公斤。该船适合于女子或青少年开展运动，设计者是 Jan Linge。英凌级帆船在北欧地区较为普及，2004 年雅典奥运会被列入比赛项目。

芬兰人级帆船

芬兰人级帆船是单人操纵的稳向板型帆船，长 4.5 米，宽 1.51 米，帆面积 10 平方米，船重 145 公斤，芬兰人级是 1952 年赫尔辛基奥运会

芬兰人级比赛

的比赛项目。它是在 1949 年芬兰国家帆船协会为筹备即将在本国举行的奥运会而发动的一次帆船设计大赛中产生出来的船型，设计者是瑞典人 Richard Sarby。要求选手的体重大一些，

因为需要能驾驭与操控 10 平方米大帆，能掌握复杂的操作技术并且具有很好的体能。

激光级帆船

激光级帆船是单人操纵的稳向板型帆船，长 4.23 米，宽 1.42 米，帆面积 7.06 平方米，船重 59 公斤，是由加拿大人布鲁斯荷比设计，20 世纪 60 年代发展起来的运动项目。1992 年被列入巴塞罗那奥运会比赛项目，已经在 100 多个国家开展此项运动。激光级帆船最初是作为娱乐型船设计的，多在周末的休假中使用，后来迅速成为世界上最具竞争性的运动帆船，被列入了大部分的重大赛事中，如泛美运动会、ISAF 世界青年锦标赛、亚运会、地中海运动会等。激光级帆船对运动员体能有很高的要求。

激光雷迪尔级帆船

激光雷迪尔级帆船是激光级帆船协会的一个级别，长 4.23 米，宽 1.42 米，帆面积 5.76 平方米，船重 59 公斤。除了桅杆略短和帆略小之外，其他方面同激光标准级完全一样，可以视为向激光级过渡的一个级别，适用于青少年或者女子运动员开展训练与竞赛活动。

49 人级帆船

49 人级帆船是双人操纵的属新生代高速帆船，船长 4.99 米，宽 1.7 米，含侧支架宽 2.99 米，帆面积 59.2 平方米（含球形帆），船重 125 公斤，是在悉尼 18 英尺级帆船的基础上开发的项目。

49 人级帆船赛

2000悉尼奥运会被首次列入竞赛项目，最高航速可达25节（约每小时46公里），该船具有超大的帆面积，操纵起来有较大的难度，船体两舷各有一个伸出来的侧支架，以便运动员获得更大的压舷力矩。严格的统一设计规则确保了优秀选手不必在器材的科研与开发上投入昂贵的财力。

NP帆板（RS：X级）

NP帆板长2.79米，宽0.93米，重13公斤，有男女运动员之分，配套使用面积为8.0~9.5平方米的帆，有稳向板。2008年将是该级别第一次进入奥运会，在2004年雅典奥运会中帆板比赛的级别是米斯特拉级（Mistral，简称米氏级）。

PART 5 竞赛规则

名次计算

奥运会、世界帆船锦标赛和中国帆船锦标赛通常都采用奥林匹克梯形航线。奥运会运动员限额为 400 名，参赛船只为 270 条。每个国家每个项目只允许一条船参赛。

帆船竞赛共进行 11 轮（49 人级 16 轮），前 10 轮（49 人级前 15 轮）选其中最好的 9 轮（49 人级 14 轮）成绩来计算每条帆船的名次。每一轮名次的得分为：第一名得 1 分，第二名得 2 分，第三名得 3 分，第四名得 4 分，以此类推。前 10 名的船进入决赛。每条帆船在每一轮比赛中的名次得分相加，就是该船的总成绩。总成绩得分越少者名次越前。

竞赛

国际帆船比赛规则规定，参加比赛的运动员可以自带船和帆，只要经过丈量委员会按级别规定丈量合格者，均可参加比赛。

奥林匹克梯形航线有 2 种绕标方式——外绕和内绕。外绕的竞赛航线顺序是：起航—1—2—3—2—3—终点；内绕的竞赛航线顺序是：起航—1—4—1—2—3—终点。

帆船比赛根据比赛时的气象水文情况确定赛场的大小。不同级别的比赛用时不同，一般在 45～90 分钟之间。

帆船比赛主要有两种形式——集体出发的"船队比赛"和两条船

之间一对一的"对抗赛"。奥运会帆船比赛都是采用"船队比赛"的方式。

起航信号发出后,赛船的船体、船员或装备的任何部分在通向第一标的航向时,触及起航线,即算"起航"。起航信号发出前,赛船的船体、装备或船员身体的任何部分触及起航线或其延长线,均为"抢航"。抢航者要在规定的时间内按规则规定的方式返回到起航准备区重新起航。

参赛帆船的船体、装备或运动员身体的任何部分,在按照规定的比赛航程上绕过了所有规定的标志并触及终点线时,该船即为结束比赛。

信号与避让

帆船比赛的信息交流方式是展示"信号",包括视觉信号(国际航海通用代码旗)和听觉信号(音响)两种,而且以视觉信号为主要依据。

帆船竞赛规则规定了比赛进行中的各种信号和避让办法,以免碰撞和发生事故,竞赛的帆船必须共同遵守。其中最重要的一条是"公平航行",必须以高超的技术和最大的速度去赢得胜利,不允许试图用不正当的手段取胜。

在竞赛航行细则中还规定航程和绕标的方向,所有帆船必须按规定的一侧绕标,否则以未完成比赛处理。如果帆船在竞赛中犯规,则要按"竞赛规则""航行细则"等规定接受惩罚,然后继续比赛。

裁判船是在帆船比赛中用于组织和指挥的设施。所有的"信号"都是在裁判船上展示的。在起点船信号旗杆上升起某一个级别旗时,表示准备出发,为该级别的预告信号,离起航还有5分钟;升起"P"旗(或者I、Z和黑旗),表示离起航还有4分钟;降下"P"旗(或者I、Z和黑旗),表示离起航还有1分钟;降下级别旗并伴随一声音响信号表示起航。

在打开起航线之前，帆船抢先通过起航线者，为抢航，个别召回重新起航。如果有较多的帆船抢航，裁判员无法辨明抢航帆船时，则全部召回该级别所有帆船，重新起航。帆船从 5 分钟准备信号开始，必须遵守竞赛航线规则和航行细则。

计分细则

比赛轮次

在航行细则中应注明为比赛所安排的轮次及组成完整的系列赛所必须参与竞赛的轮次数目。

系列赛计分

每条帆船参加系列赛的得分是取消最坏得分的全部比赛得分的总和（航行细则可以做出不同的规定，比如不取消任何得分、取消 2 轮或更多的得分或完成一定轮次的比赛将取消一定的分数。如果该轮比赛有计分，那么比赛就结束了）。如果一条帆船有两个或两个以上的同样最坏的分数，取消最前面竞赛的分数；获得最低分数的船只获胜，其他船只按分数排列名次。

起航时间和到达终点名次

帆船起航信号时间将作为该船的起航时间；按到达终点的顺序决定名次；但如果使用了让步赛或等级分配的计分法，计分按修正后的时间决定其到达终点的名次。

低分和奖励分方法

大多数比赛不是使用低分计分方法就是使用奖励分方法计算分数。低分计分方法是用船只到达终点名次计算分数；奖励分方法适用于前 6 名，因为从第四名上到第三名要比从第十四名上到第十三名更难一些！

低分计分方法会被使用，除非航行细则中规定另外特定的计分方法。选择奖励分计分方法时应在航行细则中予以注明。

竞赛委员会决定的分数

帆船既没有按照规则起航，或没有冲终点，或冲终点后退出比赛的船只的分数将由竞赛委员会在不需要听审的情况下进行相应的计分。只有抗议委员会可采取其他记分方法来使某条帆船的计分成绩更差！

其他船只分数和名次的改变

如果一条帆船在一轮比赛中被取消资格或冲终点后退出比赛，其后面的每条帆船应向前移动一个名次。

如果抗议委员会为给予一条帆船补偿而调整分数时，其他帆船分数不改动，除非抗议委员会做出其他决定。

单轮竞赛中的平分

如果在到达终点线后船只分数出现平分或使用让步赛计分方法船只修改后的时间相同时，平分的船只名次的分应与下面紧连的名次的分相加并取其平均分。得分相同的船只获奖时应共享或者获得同等的奖品。

系列赛的平分

如果在两条帆船或更多船只之间发生了系列赛的平分，每条帆船的单轮分数将按最好到最坏顺序排列，在第一个出现差异的分数处以分数好者列前来打破平分，不得使用被取消的分数。

如果两条帆船或更多帆船之间的分数仍然相同时，以最后一轮中比赛船只分数顺序来打破平分。如果两条船以上分数还是相同，将根据并列船的倒数第二轮的分数来打破并列，这样直到并列被打破。即使这些分数是被取消掉的分数也要用来打破并列。

比一场竞赛时间长的系列竞赛分数

在一个时期内举办的系列赛，时间长于一场一般的帆船赛；一条帆船在到达起航区后没有起航、没有到达终点、到达终点后退出比赛或被取消资格，将按照起航区船只数目加 1 计算终点名次。未到达起航区的船只将按照报名参加系列赛船只数目加 1 排列终点名次。

补偿指导

如果抗议委员会决定给予一条帆船补偿而调整一轮分数,建议考虑按下列情况计分(3 条为或者关系):

(1)给予等于系列赛中扣除有问题一轮比赛的所有轮次得分的平均分数,该分数应四舍五入精确到小数点后的一位数。

(2)给予分数等于有问题的这轮比赛之前的全部得分的平均数,该分数应该四舍五入精确到小数点后一位数。

(3)在给予补偿事件发生时帆船所在的位置给予名次分。

PART 6 技术战术

帆船、帆板运动的专项入门训练

力量耐力训练

力量耐力是指运动员在游进过程中肌肉克服疲劳的能力。由于帆船、帆板项目的特殊性，对运动员的肌肉耐力要求较高，要求运动员要具备良好的有氧、无氧耐力，从肌肉力量上讲要求运动员就要有良好的力量耐力。

发展力量耐力的主要方法是采用多次重复非最大重量的练习。一般来讲可以采用最大重量的 40%～60% 的负荷重复 30～90 秒，间歇时间 2～4 分钟，做 3～4 组，要快速完成。也可以采用最大重量的 25%～40% 的负荷，重复次数尽可能要多，每次练习 4～6 组，间歇时间 4～5 分钟。

滑轮拉力练习

采用中等负荷（最大负荷的 40%～60%），快速完成 30～90 秒，休息 4 分钟，做 4～6 组。这个练习主要是发展胸大肌、肱三头肌、三角肌的肌肉耐力，也可采用橡皮拉力、等动拉力来完成。

杠铃负重下蹲

采用负荷为最大重量的40%，练习次数为30～60次，每组之后休息5分钟，练习3～6组。这个练习主要是发展股四头肌、胫前肌的力量耐力。

循环训练法

循环训练练习对增强肌肉力量耐力也是一种较好的练习方法。方法是先建立几个练习"站"，每个"站"安排一种力量练习，将各"站"的练习按顺序组合起来，就形成了循环练习。

循环训练的好处是可以根据需要安排不同肌肉部分的练习，发展练习者不同的运动能力（包括力量耐力和速度力量）。循环训练也可以用来发展综合性一般耐力。

循环训练有连续循环训练和间歇循环训练两种形式：连续循环训练是按长时间的不间断的中等和大强度的制式来安排的。组成循环的练习是根据循环训练的一般特点，即按照所要发展的主要肌群来挑选的。练习完成是系列性的、重复性的、无间歇的。

间歇循环训练在帆船、帆板训练中常用来发展力量耐力：其特点是采用较大强度和较短的时间的练习，要求在完成时要保持较高的动作速度。

爆发力训练

爆发力是指在最短的时间内发挥肌肉力量的能力，爆发力可以采用最大力量和达到最大力量所需要的时间之比来评定。因此，肌肉的收缩速度是爆发力的决定因素。发展最大力量也对爆发力有帮助，发展爆发力可以用以下的形式来进行：

（1）采用最大负荷的70%～85%完成4～6组，每组3～6次，每组之间要充分休息，完成时保证快速。

（2）采用最大负荷的30%～60%，完成4～6组，每组5次，每组之间要充分休息，快速完成。

爆发力的好坏对运动员的起航、冲刺有很大影响。以上练习可以用卧推、滑轮拉力、等动拉力等方式进行。

例如滑轮拉力练习，采用最大负重的50%，蝶泳划臂动作快速完成5次，重复5组。要求以爆发式的动作完成。此外，也可以采用发展最大力量的方法来发展爆发力。

最大力量训练

发展最大力量的练习方法通常采用大的、接近最大的和最大的负荷。这种方法保证了神经肌肉用力的高度集中，使绝对肌肉得到发展，但却不增加肌肉的体积，从而使相对力量得到明显提高。

发展帆船、帆板运动员的最大力量要同专项特点紧密结合，练习时的用力方式同运动中的用力方式越接近越好。可以使用杠铃、滑轮拉力、橡皮拉力、等动拉力等练习器械。练习使用的负荷量应是本人最大力量的90%~100%，重复次数1~3次，每组练习之间要充分休息，练习组数可根据实际情况而定。

卧推杠铃

在卧推架上进行练习。采用最大重量的95%，连续推2~3次，重复3组，每组后休息5分钟：这种练习主要是发展胸大肌、肱三头肌和伸小臂肌肉的最大力量。

滑轮拉力

俯卧在凳上进行单臂或双臂的练习。采用100%的重量，连续拉3~5次，进行3~5组，每组练习后休息5分钟。这种练习主要是发展背阔肌、菱形肌、肱三头肌和伸小臂肌最大力量。

等动拉力练习

仰卧在等动器凳上，等动拉力固定于头上方，两臂上举，两手握住拉力握手。采用最大阻抗，做仰泳抱水动作，连续3~5次，重复进行3~5组，每组练习之后休息5分钟。这一练习主要发展肱三头肌、肱二头肌、三角肌的最大力量。

在训练中，现在较多的是采用大重量力量拉力练习，以此来提高神经系统的兴奋性，加强运动员短时间动用肌纤维的能力，对提高运动员的速度和爆发力有较大帮助。

力量训练时应注意的问题

（1）专项力量训练的手段和专项动作应力求一致。在练习时用力动作尽量同专项动作保持一致性，才能达到最佳的效果。因此，要正确选择训练手段。不符合专项特点的练习在训练中应谨慎对待。

（2）力量练习，尤其是最大力量练习应在体力较好的情况下进行，每组力量练习之后应有充分的休息，使肌肉工作的疲劳得到较彻底的恢复，再开始下一组练习。

（3）肌肉力量练习必须与肌肉的伸展练习相结合。肌肉在力量练习之后，肌纤维会缩短，这对游泳运动员是很不利的，因此要加强力量练习后的伸展练习。肌肉拉长后，有利于操帆动作的连贯性和加大动作的幅度。

（4）力量训练后，要特别注意使肌肉放松，并注意培养运动员肌肉放松的能力。肌肉放松有助于提高神经调节功能，有利于速度力量的发展。

（5）力量训练要经常保持，做到循序渐进。有人做过实验，训练20周，每天训练，力量增长100%，以后完全不训练，这样在40周以后训练所获得的效果则完全消失了。另一实验是训练45周，每周只进行一次力量训练，力量增长了70%，可是训练停止以后70周，已获得的力量效果尚未完全消失。

柔韧素质的训练

柔韧素质是指"人的各个关节活动幅度，肌肉和韧带的伸展能力"。柔韧性好能使运动员在帆船、帆板比赛中动作幅度大、自然、经济省力，同时还能加长有效动作的路线。操帆技术对柔韧性有较高的要求，尤其表现在肩关节、踝关节、髋关节和脊柱的柔韧性。

柔韧素质优劣主要取决于跨过关节的肌肉、韧带、肌腱的伸展范围和弹性；取决于肌肉活动中的收缩与放松的协调能力。

柔韧素质的训练方法主要有两种：主动性练习和被动性练习。主动性练习是通过与某关节有关联的肌肉的收缩来增加关节灵活性的方法。被动性练习是依靠外力的作用促使关节灵活性增大的方法，主要是采取加大动作幅度，拉长肌肉和韧带。

提高肩关节柔韧性的方法

（1）两臂在头两侧上举，两手指交叉并拢，掌心向上，两肩垂直向上伸展。

（2）两臂于头上，一手抓住另一臂肘部。侧屈髋的同时在头后牵拉肘部。两侧交替进行。

（3）两手手指于体后交叉并拢，伸臂的同时两肘缓慢地向内旋转。

（4）两手握住毛巾（或绳子）两端，两手间距应适宜，以便能直臂由体前经头顶向后绕环，切忌用力过猛。

（5）背向肋木，左手放置体后，与肩同高处握横木，右转头。通过增大转头幅度，加大臂、肩的伸展幅度。两侧交替进行。

（6）弯腰，两手握住与肩同高的肋木，双手间距与肩同宽，两臂伸直，两腿微屈，做下压动作。

（7）两手支撑在垫上，指尖向后对膝，慢慢后倾。牵拉臂和手腕。注意全手掌应支撑垫上，不应用力过猛。

（8）跪姿，一臂前伸于垫上，然后向后牵手臂，应有肩、臂、体侧、背部上下方肌群被拉长的感觉，注意不能用力过猛。

提高踝关节、髋关节柔韧性的方法

（1）脚趾向后，两脚并拢，跪坐于脚跟上。如踝关节过硬，两手可在腿外侧扶地协助练习。跪坐压踝时间应长一些。

（2）俯卧垫上，屈小腿，脚背向下，脚底向上，在同伴的帮助下，按压脚底，做下压外翻踝关节的动作。

（3）按顺时针、逆时针方向大幅度转动踝关节。每个方向转动10～20次。

（4）坐姿，屈左腿，左脚跟置于左髋外侧。右腿伸直，尽量不让左脚外移。上体慢慢后倾，牵拉四头肌，持续数秒钟。

（5）右腿伸直，左脚底靠近右腿内侧。上身慢慢前压，持续数秒钟。

（6）坐姿，两腿自然分开，脚趾向上，直体慢慢前屈，持续数秒钟。前屈时，背部应挺直，切忌用力过猛。

（7）屈腿坐姿，两腿交叉并拢，双手扶膝关节向下按压，持续数秒。

提高脊柱柔韧性的方法

（1）仰卧垫上，两臂上举，收腹举腿，手触脚，身体尽量叠紧。

（2）俯卧垫上，臂腿伸直用力，尽量向上抬高，还原时手脚不着垫。

（3）仰卧垫上，臂腿弯曲，手掌和脚掌着垫，腰腹向上挺起成桥形，持续数秒钟。

（4）俯卧垫上，两手握脚踝，挺腹拉起成弓形，持续数秒钟。

（5）俯卧垫上，两臂后伸，同伴握其两手，将上体拉起，持续数秒钟。

（6）俯卧垫上，同伴压着肩部，两腿同时向上抬起持续数秒钟。

其他专项身体素质的训练

（1）平衡器械训练：浪桥练习、伏虎练习、铁链桥索练习、站滚动板练习、滑板练习、站独铁管平衡练习。

（2）模拟器械训练：帆船压舷器练习、帆板摇帆器练习、冰上风帆车练习、沙滩风帆车练习。

（3）根据帆板运动员在操作中的动作结构，通过肌电图研究各肌肉群所起的作用，在专项身体素质训练中选择适当的手段方法，实施有针对性的训练。

心理训练

目标设置技能训练

目标设置的基本步骤：

（1）自我分析：这主要包括对自己现实的分析和对自己理想的认识。

（2）任务分析：任务分析是指对成功完成任务所必备的条件的分析，主要指个人内在的条件。

（3）测量方法：明确对成功完成任务所需条件的测量方法。包括测量工具的选择、测量程序的确定和结果的评定等。

（4）写出目标：这是目标设置的核心，写出目标要遵循目标设置的原则。写出的目标可能是技术目标，也可能是心理目标或其他目标；可能是长期目标，也可能是短期目标。因此，写出目标以后，还要根据目标的种类和性质对目标进行分类和分级，从而构成一个目标系统。同时，应修改和剔除不符合目标设置原则的目标。另外，所写出的目标要注意与集体目标相协调，目标表述应清晰、准确。

（5）制订计划：有了目标以后，还要制定达到目标的具体途径、方法及时限，制定目标设置图。这也是目标设置不可缺少的内容。

（6）付诸实施：将目标计划付诸具体实践，主观见之于客观，并在实践中对行为表现和努力程度进行评价，不断完善目标设置。

表象训练

1. 表象放松训练

表象放松训练主要是为了消除紧张焦虑，调节激活水平，提高注意集中能力。表象放松训练的基本程序如下：

选择一个安静地方，尽可能舒适地坐着或卧着；闭上眼睛，做几次深呼吸，深深地吸气，然后慢慢地呼出；表象自己处在一个非常舒适的环境；尽可能生动地表象这种情景，仿佛身临其境，激发出自己曾有过的生动的体验。

2. 表象预演

表象预演主要是为了巩固技术动作，形成有效的动作程序，适应赛场环境，提高注意集中能力。表象预演的基本程序如下：先进行放松训练，使身体放松，心理安宁。

反复表象自己独自一人完成动作时的具体细节，直到自己非常完美地完成全部动作。

表象赛场的情形，并将自己置于其中。反复表象整个比赛程序和自己正在进行的比赛，表象自己在赛场也非常完美地完成了全部动作。活动双手和双脚，然后睁开眼睛。

3. 战绩回忆

战绩回忆主要是为了提高运动员的自信心，消除紧张焦虑和消极的赛前心理状态。战绩回忆的基本程序如下：先进行放松训练，使身体放松，心理安宁；表象自己以往最成功的、最满意的一次竞赛表现，使这一情景好像历历在目，仿佛再次身临其境，并激发出自己曾有过的各种体验；活动双手和双脚，然后睁开眼睛。

帆船、帆板运动员的风力和风向意识

意识规则

海上的风是经常变化的，有时风小得使人无法察觉，有时则会使运动员在航行中对帆做出调整和控制。航海中的部分乐趣就在于时刻准备对风向的变化做出反应，迎接其挑战。

风向

运动员要出海航行必须知道风的方向，怎样才能知道风的方向呢？一般是就地取材，原地转一圈，用脸、手和脖子感觉一下风；向外看水面，注意水面上的波浪或波浪上的风纹；风一般是从与波浪上风纹波峰连线的垂直线方向吹过来的。或者，站在岸边看四周的旗子、烟柱、树、风向标和自由飘动的帆来判断风向。切忌不要用其他航速很快船上的旗子来判断风向，因为这些船上的旗子并不能显示真风（自然界中的风又称为"真风"）方向。

罗盘定风向

风向是指风吹来的方向。风的方向可以用北、东、南和西来表示，或用罗盘上的刻度数来表示：0°，90°，180°和270°等等。如果风是从东面吹过来的，就表示帆船正航行在东风中或风向是90°。如果船上有一个罗盘，通过把船头顶风，读出罗盘上的刻度数，运动员就能确定风的方向。

风力、浪高

为了安全，对于帆船运动的初学者来说，5级以上的风力就不应该再下水航行。

风力级别和浪高对照表

风级	名称	风速（米/秒）	陆地现象	海面波浪	浪高
0	无风	0.0～0.2	烟直上	平静	0.0
1	软风	0.3～1.5	烟示风向	微波峰无飞沫	0.1
2	轻风	1.6～3.3	感觉有风	小波峰未破碎	0.2
3	微风	3.4～5.4	旌旗展开	小波峰顶破碎	0.6
4	和风	5.5～7.9	吹起尘土	小浪白沫波峰	1.0

续 表

风级	名称	风速（米/秒）	陆地现象	海面波浪	浪高
5	劲风	8.0～10.7	小树摇摆	中浪折沫峰群	2.0
6	强风	10.8～13.8	电线有声	大浪倒个飞沫	3.0
7	疾风	13.9～17.1	步行困难	破峰白浪成条	4.0
8	大风	17.2～20.7	折毁树枝	浪长高有浪花	5.5
9	烈风	20.8～24.4	小损房屋	浪峰倒卷	7.0
10	狂风	24.5～28.4	拔起树木	海浪翻滚咆哮	9.0
11	暴风	28.5～32.6	损毁普遍	浪峰全呈白沫	11.5
12	飓风	32.7以上	损毁巨大	海浪滔天	14.0

阵风和静风

海上的风速在短时间内突然变化的风称为阵风或静风。阵风是指风速在短时间内突然增大的风。静风是指风速在短时间内突然下降的风。静风有时被称为风中的"洞"，航行中会经常遇到阵风和静风。阵风经常会使得海水的颜色变暗，如果运动员航行中发现上风方向有一块颜色发暗的海水，表示阵风就要来临了。通常静风要比阵风难观察一些，静风区域的海水颜色要比周围海水颜色要亮一些，在航海中要经常注意观察阵风和静风。

帆船航行中的风

了解航行中帆船与风的相互作用，对弄清楚帆船航行的不同状态是有好处的。如果帆船停止不动了，运动员在船上感觉到的风速、风向和在岸边感觉到风速、风向应该是一致的。但当帆船运动的时候，风将会变大或变小，这种变化取决于帆船航行的方向。

利用从船尾方向吹来的风进行顺风航行时，运动员几乎感觉不到风；如果帆船转弯逆风航行时，运动员就会感觉风力较强。

在多体船航行中，这种风的变化效果对比是比较强烈的，对此，教练员经常用骑自行车的例子来进行对比。如果运动员骑在自行车上以20 千米/小时的速度前进，即使在这一时刻根本就没有刮风，也会感到从前面吹来的强风。在海上如果实际的风是以 20 千米/小时的速度从运动员的身后吹过来，可能感觉不到风。如果真风是从运动员的前面以10 千米/小时的速度吹过来，那么感觉到的风速是 30 千米/小时。如果真风是从运动员的侧面垂直地刮过来，感觉到的风就是自行车前进动作产生的风和真风的混合物，这个混合物叫做"相对风"。"相对风"这个术语是用来描述运动员在航行中感觉到的风（航行中帆的调整要朝着相对风的风向）。

帆船的航行方向

帆是帆船航行时的动力来源，帆能将风力转化成为使得帆船向前运动的升力。当运动员调整了帆的方向，也就同时改变了风与帆船的相互作用；当风向发生改变时，运动员需要对帆作出一定调整，以便帆能够为帆船提供最大的升力以保持帆船最佳的航行状态。

在学习如何调整帆时，运动员的手一定要时刻握紧缭绳，不能松开，渐渐地就能体会到风作用在帆上的感觉，这种运动感觉对驾驶帆船技术的提高有很大的作用。

航向

航行中船头的指向就是航行的方向，帆船航行的方向就决定了帆的调整。运动员在改变帆船航行方向时，也应该随即调整帆，以便帆能够提供条件允许范围内的最佳动力。

基本航行方向

如果把海平面分成360°，帆船的航行方向与风向则可用一个特定的角度来表示。一般而言，有六种基本航行方向，也即基本驾乘法。

正顺风航行

当帆船、帆板处于正顺风航行时，风直接从帆船的尾部吹过来，此时运动员应该把缭绳松开，让帆与船的首尾线成90°夹角，这时帆船完全处于受推力的行驶状态。

在正顺风航行中，运动员会感觉到风速越来越弱，这是因为帆船是被风推着走。正顺风航行时，可以把前三角帆调整到与主帆相反一边的位置，从而增大帆的受风面积，增加帆上的风力，这在航海上被称为"双帆展翅"航行。

大角度横风航行

把帆船的船头从正顺风方向稍转向近风方向航行，让风从帆船的侧后方吹过来——风向与帆船的首尾线夹角约为135°，此时帆船处于大角度横风状态。

一般情况下，帆船在大角度横风航行状态时的速度要比正顺风时的速度快一些，运动员会感觉丝丝凉风吹在脸上。这时帆从完全推力状态向部分拉力状态转变；在大角度横风航行时，调整帆做"双帆展翅"航行是不可能的。

正横风航行

风从帆船的正侧面吹过来，风

正横风航行

向与帆船的首尾线方向大约成 90° 的夹角，对于大多数的帆船来说，此时船速达到最大；这是因为帆船完全进入了拉力状态，此时帆角应调整为 45° 左右，在这种状态下一些质量较轻的小帆船可以达到很快的速度，并且帆船可以被风力拉到水面上进入滑行的理想状态，这种情况在航海中被称为"浪上滑行"。

这种帆船航行状态要求中等强度的风并结合适当的调帆，帆船"浪上滑行"的状态是帆船运动中最令人陶醉而又刺激的一种运动方式，是其他风向航行所无法比拟的。

小角度横风航行

风从帆船的侧前方吹过来，风与帆船首尾线的夹角大约为 60°，此时由于帆船迎风航行，运动员会感觉到风力在加大，这是因为除了实际风以外，还能感觉到由于帆船运动而产生的风，这时需要拉紧缭绳收一下帆。帆船在小角度横风航行时会比在正横风航行和顺风航行时向另一侧倾斜得更大一些，这是一件很常见的事情，我们只需要及时压舷以保持帆船平衡即可。

近迎风航行

风从帆船侧前方偏正面的地方吹过来，风向与帆船的首尾线夹角大约为 45°。此时帆完全进入了拉力状态；由于初学的运动员担心帆船的倾斜角度过大而收帆不够（对于运动员来说，要平衡船体就必须将身体探出船外压舷）。在近迎

近迎风航行

风航行中，收帆是很重要的，帆角要调整到 22.5° 左右，在多次练习之后，运动员就会知道它的重要性。

禁行区域

帆船不能顶风航行，一旦顶风，帆就会发生自由飘动，船速就会减慢直到停止。实际上，很少有帆船能够在风向与帆船航向呈小于45°角的条件下航行，所以将在风向及其两侧各45°夹角的区域称为"禁行区域"。这种说法在国际帆船培训中较为常用。

在"禁行区域"里，帆船可以进行停泊休整或泊入码头。但在帆船比赛和训练中，因为战术需要，很多帆船（420级、470级等）都经常行驶在40°左右的风向角，这种情况在中风、海面较平和有利潮流的情况下较为常用。实际中，近迎风航行的最佳风向角为45°，在小于45°风向角的航行中，船速会随着风向角的变小而大幅度地降低。对于技能欠佳的初学者，我们将风向及其两侧45°夹角区域称为"禁行区域"。

利用主帆与前帆

运动员在有主帆和前帆的帆船上航行时，舵手应该和缭手同时调整这两面帆。如果帆船正在从横风航行变为大角度横风航行，运动员就要把前三角帆和主帆同时松开；如果帆船正从小角度横风航行变为近迎风航行，舵手就应该和缭手同时收紧前三角帆和主帆；如果帆的调整不能够协调一致，它们就会影响彼此之间的空气流动，并减小帆船的运动速度；当舵手决定改变航行方向时，他应该通过向缭手喊话以达到与缭手良好沟通的目的，让缭手明白调整前帆的时机，做好调帆和改变位置的准备。

当然，良好的沟通也是初学者在航海学习时必须要明白的一件重要事情，它将对帆船的航行带来非常有利的影响。

帆船的迎风航行

帆船迎风行驶原理

顶风是不能前进的，当风从帆船正前方吹来时，必须使帆船前进方向和风成一定锐角，帆船才能前进。这就是迎风行驶。因此，帆船在逆风航行时必须曲折行驶，才能到达目的地。

帆船迎风行驶时，升力的作用还会使帆船产生横向移动。为了让帆船保持前进航向，就必须抵抗住风的横向压力。这就得依靠帆船的流线形及船底的龙骨或稳向板带来的横向阻力（抵抗力）。严格地说，船的横向阻力会与风的横向压力相抵消一部分，但残存的横向压力还会推动帆船斜向前进。

迎风换舷

帆船虽然无法正对着风向行驶（进行区域），但是却能够采取与风向大约成45°夹角的"之"字形策略向前迂回行驶，这种放行方式被称作"迎风换舷"。"迎风换舷"不停地通过"禁行区域"，并将帆船的受风部位从一侧换到另一外一侧。

迎风换舷过程中的交流

一个出色的迎风换舷动作要求舵手和缭手之间有良好的沟通和默契的配合。由于舵手处于驾驶和指挥的位置，所以舵手在迎风换舷动作中负有较大的责任。舵手通过向缭手喊话"准备换舷"来开始这个动作，这意味着缭手要准备松开前帆并移动到帆船的另外一侧。

一旦缭手做好准备，他要向舵手说一声"准备好了"！当舵手开始换舷时，一定要告诉缭手"正在换舷"或"正在推舵换转向"，这表明舵正在被推到下风方向；缭手知道"迎风换舷"正在进行中。

缭手的作用

在迎风换舷中，缭手扮演了一个很重要的角色。他必须在观察船四周的同时帮助平衡船体；调整前三角帆并改变前三角帆的受力状态和方向来适应新的航向；定位陆地上的相关建筑物或其他物体来确定航线是正确可行的，缭手为舵手提供重要的反馈信息。在刚开始学习帆船运动时，大多数的舵手将注意力集中在船上，协调主缭绳和舵的操纵，难以腾出更多的注意力。因此，缭手还要扮演舵手的"第二双眼睛"。

迎风换舷中存在的问题

在做迎风换舷的练习时，出错是很正常的事情。比如，在禁行区域内帆船停止转向；忘记调整前三角帆的缭绳，导致前三角帆在错误的一边受风；帆船在风中转向太大，造成迎风换舷以横风航行结束而不是以近迎风航行结束。

遇到在禁行区域内帆船停止转向的问题时，应以下面的方法来解决：在帆船迎风换舷开始时，向帆的方向推舵要迅速（注意无论如何不能突然性地猛然发动推舵），并要保证在换舷转向时，帆船要以合适的速度在平稳地移动。

遇到忘记调整前三角帆的缭绳时，应以下面的方法来解决：当缭手在变换位置时，松开先前固定前三角帆的缭绳，然后再调整现在固定前三角帆的缭绳。

当遇到上述的第三种问题时，解决方法是这样的：在迎风换舷转向之前，选择一处与风向成90°夹角的陆地参照物来帮助确定新航线的方向；完成迎风转向换舷后，把船头指向该陆地参照物航行即可。

在迎风换舷过程中横过船体

在迎风换舷过程中，舵手从帆船的一边到另一边时，主缭绳和舵柄要在手中完成交换，这个过程能否顺利地完成对迎风换舷起着至关重要的作用，所以这个技术动作的训练首先要安排在陆地上进行模拟练习，直到熟练并形成自动化的动作力定型为止。

迎风换舷时舵手要面向前方，抓住主缭绳和握住副舵柄（或舵柄）；在舵手换到帆船新的一边后，空闲的手在体前抓住主缭绳，随后调整主帆操纵帆船航行。

在舵手横过船体进行换手的时间会因帆船上装配的是主舵柄还是副舵柄而有所不同。实际上，有很多优秀的帆船运动员更喜欢在换舷之后再换手，这样可以让他们更好地控制和调整帆船。

多体船的迎风换舷

多体船的迎风换舷和单体船的迎风换舷在理论上是相似的，但是因为多体船的船体宽、重量轻，它们在迎风转向换舷时的驾驶并不像单体船那样轻松。因此，一些不同于单体船的技术要求会保证运动员换舷的顺利进行。

短距迎风换舷

短距迎风换舷是一项在多体船不动、速度较慢和进入进行区域时比较有用的技术，同时它也是救助落水人员的一种有效办法。

帆船的顺风航行

帆船顺风行驶原理

我们已经知道当风吹在帆上可以产生升力使帆船前进也可以产生阻力使帆船横向移动或者后退。如果当风从帆船后面吹来，帆船就能够向前行驶。这时依靠的主要是阻力型的降落伞效应。顺风航行时，任何一种形状的帆都可以兜住风并利用风在帆上形成的阻力使船向前运动。

顺风航行策略

当迎风航行驾驶帆船作"之"字形运动前进时，运动员需要从帆船的一边换到另一边来改变帆船的受风方向，并不断地重复，称之为"迎风换舷"。在顺风中航行时，运动员驾驶帆船改变其受风部位，称之为"顺风换舷"。

顺风航行

在迎风换舷转向中，运动员向帆的方向推舵，把船首转向顶风，然后船首越过禁行区域。在一个顺风换舷中，拉舵收帆，使风摆过帆船的尾部，回舵松帆。迎风换舷和顺风换舷都需要让帆从船的一侧到达另外一侧。

运动员顺风换舷需要对风向有一个敏锐的感觉，通过了解风向，可以确定顺风换舷的时机,顺利地把帆从船的一侧摆动到另外一侧;如果时机选择不当,帆和帆杆就会猛然横过船体,甚至造成严重的后果,这种现象被称为"意外顺风换舷事故"。

引起"意外换舷事故"最常见的原因是由帆后缘吹入的逆迎风造成的(正常情况下由船首方向吹入的风,称为正迎风,它给帆船提供向前的动力)。驾驶帆船以正顺风航行时,风是直接从帆船首尾线底部方向吹过来的;如果选择换舷的时机不当,就会造成风吹向有帆一侧的船体。这种情况发生时,风就会错误地推动帆的另一边,猛然推动主帆横过船体,一个帆船转过正顺风的征兆是前三角帆下垂并开始横过船体。

此时可以依据桅杆顶部的风向标,在上风面飘起来的帆线以及水面波浪上的风纹来判断风向。

顺风换舷

在顺风换舷时,主帆一般会快速横过船体尾部,然后到达帆船的另一侧并即刻受风。在强风的天气中,这种突然性的力量会引起船体倾斜并旋转,甚至翻船。要想避免这种情况的发生,并确保顺风换舷安全顺利地进行,最好的办法就是可控性的顺风换舷。

可控性的顺风换线,其关键是在顺风换舷的过程中如何操纵主帆。在开始顺风换舷时,应把主帆慢慢地收进来;然后在风横过船尾时把主帆受到船体首尾线处,最后将主帆"在控制下"松开,直到完全放出去。

如果运动员不控主帆而驾船直接进行顺风换舷,主帆会突然性地发生摆动,这种现象叫"C"形顺风换舷,或叫做"突然性地猛力换舷"。这种顺风换舷在小风天中是不会出现问题的,但是在大风天中,可能会失去控制并损害船上的索具和其他设备。

对于初学者或航海时间不长的人员,如果风太大而不能安全地进行顺风换舷,要按照先驾船进行顶风行驶——然后再迎风换舷——再转向到顺风的步骤进行。

顺风换舷中缭手和舵手的职责

顺风换舷中缭手除了调整前帆，还要平衡帆船并观察帆船四周的环境，以及帮助舵手在顺风换舷中改变帆的位置。舵手在适当的时候要喊出"准备换舷"来提醒缭手注意。

在航海的所有技术中，顺风换舷时最容易出错的地方。如果运动员把风力风向意识、顺畅的换舷动作和足够的练习结合起来，那么顺风换舷技术将会很完美。

驾驶帆船的技巧

随着航行时间和经验的不断增加，帆船运动员会对如何有效地驾驶帆船产生一些新的认识。这些"新的认识"既包括如何保持理想的帆船倾角，有效地利用船员自身的体重，在调帆过程中做出细微的调整，以及利用稳向板的位置保持帆船平稳地航行，也包括对于海流、风、天气和安全的重新认识和更深刻的了解，最终使得帆船行驶在"最佳航道"。

航行路线

在帆船运动中，优秀运动员在准备下水航行前所做的一件事情，就是根据当时的风向和其他的自然条件选择出一条适合的航线。这听起来似乎是一件很简单的事情，但是真正要做的时候，却存在非常多的方式。

假设从甲点到乙点航行时必须以横风或尾风航行时，那么直线路径一般是最好的，只需要把船艏指向目的地就可以了。如果风向发生了改变，运动员应该调整帆的角度让帆船保持最佳航行状态；如果运动员的目的地在帆船的正顶风方向（禁行区域），就必须驾驶帆船走"之"字形的航行路线到达目的地，这就需要进行一次或几次迎风换舷才能完成。

迎风航行的"最佳航道"

帆船在迎风航行时，运动员要对风速和风向的变化作出反应，及时调整航向与风向之间的角度并调帆，当帆上的帆线顺畅地向后飘动时。帆船就已经处于迎风航行的最佳状态或"最佳航道"中。而帆的最佳状态可以被帆线反映出来。如果帆船越过了"最佳航道"的上风一边，运动员会发现上风帆面的帆线是松弛的。而下风帆面上的帆线则随气流向后飘动得很顺畅；如果帆船越过了"最佳航道"的下风一边，运动员会发现上风帆面上的帆线被气流推送得很顺畅，而下风帆面上的帆线是松弛的；如果帆船正好处在"最佳航道"内，运动员则会发现无论是上风帆面的帆线，还是下风帆面的帆线都被气流推送得很顺畅。

但是"最佳航道"并不是很"宽"，如果运动员驾驶帆船在"最佳航道"中做"S"形运动，就会发现"最佳航道"的边缘分别在什么地方了。

因为风向随时可能发生变化，运动员应该经常检查帆船是否航行在"最佳航道"。这时候运动员可以驾驶帆船小心地靠近"最佳航道"的上风一边，然后返回"最佳航道"内。通过这种方法，帆船可以尽可能地近风航行（减小航向与风向之间的迎角，尽可能地向上风方向前进），同时保持较好的航行速度。

优秀的帆船运动员会在 5 ~ 10 秒钟的间隔时间里，通过一次这样的练习来检查自己是否处于"最佳航道"中。这个技术其实是很简单的，运动员只要在平常航海中有意识地练习就可以了。

向上风行驶（又称抢风行驶）降低帆上的动力

向上风行驶，把帆船航向更接近于风向。当帆船在航行中遇到风力增大或强阵风时，帆上就会产生非常大的动力。帆船会因此而大幅度地倾斜、失速，甚至发生倾覆事故。解决帆船动力过大的方法有很多，其中包括：调整帆船上船员重心（如船员把身体探出船舷外，利用体重压舷），调整帆的角度和形状等。

有经验的帆船运动员往往通过向上风行驶来降低帆上产生的动力。简单地说，向上风行驶是将帆船在"最佳航道"上风边的外面保持一段时间（即在帆迎风角度减小以减弱帆力的状态下航行）。

在向上风行驶中，运动员需要将身体尽量地向船体外倾斜。同时船上的帆，特别是前帆将会轻微地有些顶风，同时伴随着上风帆面的帆线向上飘动而不能正常发挥作用（有时下风帆面的帆线也会出现类似情况）。

在"最佳航道"上向上风行驶需要比较好的驾船技术。当帆船向上风行驶时，舵手应该用副舵柄控制舵，舵手和缭手都应该面向船帆而坐。双脚勾住压舷带，身体尽量后仰至上风方向的船舷外，这样可以充分利用体重压舷，以保持船体稳定。

随着风力的变大，舵手需要用力拉副舵柄以平衡帆船向上风偏转的趋势，这种操作方式被称作"舵性调整"。在迎风航行时，适当的"舵性调整"可以让帆船近风行驶（即减小航向与风向之间的夹角）。

然而，过量的"舵性调整"也意味着帆船的倾斜角度过大或者帆上的动力过大，

压舷技术

这时候船员可以通过勾住压舷带将身体尽量地探出船体外压舷、将主帆向外放开，或者向上风方向行驶（抢风行驶）来减小"舵性调整"的作用。

稳向板位置

在帆船航行的不同时刻，稳向板的位置也不同。在近迎风或者小角度横风航行时，稳向板会被全部放下；在正横风航行时，稳向板应该被抽起至一半高度的位置；在大角度横风航行或者顺风航行时，稳向板应该被抽起到四分之三的位置。

这样做的原因是：当帆船在迎风航行时，稳向板被用作平衡风对帆船强大的侧向推力；当帆船在顺风行驶时，风对帆船的侧向推力不是很大，所以不需要将稳向板全部放下。部分放下稳向板的另一个优点是可以减小水流与板之间的摩擦阻力，提高船速。

调帆

随着运动员操纵帆船水平的提高，就会慢慢地发现调帆对帆船运动的影响有着非常重要的作用，帆的松紧程度不同对帆船的运动状态也会有很大的差异。舵手与缭手应该在收帆、松帆的调帆动作协调一致，同步进行。一般而言，帆船驶向上风的方向时，应该将帆向内收紧；当帆船驶向下风的方向时，应该将帆适当地松开。

修正帆的形状

帆船运动员可以通过操纵后帆角索、前帆角索以及斜拉器来调整帆的形状以适应环境的变化。一般而言，当风力加大时，三种索具都应该被收紧。这样可以使帆面显得更"平"，从而降低风对帆船的作用力，使得帆船更易于被操纵；当风力减弱时，可以松开这三种索具以获得更大的动力。

通过降帆减小帆上的力量

当风力太强，而帆船的倾斜角度又很大的情况下，降低帆的高度也是减小帆力的一个好办法。最简单的办法就是降低前三角帆，但是若降低主帆的高度将会产生更明显的效果。

帆船平衡

帆船的倾斜角度或帆船横摇角度都会因为所处的航行阶段不同而异，理想状态下，帆船在迎风航行时，船体应该略微向下风方向倾斜。帆船在中小风天的顺风航行中，船体应该略微向上风方向倾斜以平衡"舵性调整"的作用并发挥帆的最大效率。

当帆船从一个航行状态转入另外一个航行状态时，运动员一定要顺畅而迅速地调整自己的体位以恢复帆船正确的倾斜角度。当风力增大时，运动员要尽量向帆船的上风边移动以维持帆船合适的倾斜角度。

在推动舵将帆船转向朝上风方向行驶的时候，运动员同时也要把身体向船舱的下风方向移动一点，上体向船里倾斜，这样在帮助帆船转向的时候尽可能少地动用舵。在运动员把帆船转向下风航行时，将身体探出去的同时要将身体向上风方向移动一点。

帆船的起航战略与战术

起航在竞赛中的意义和特点

帆船竞赛，特别是在场地赛中，起航成功与否直接影响到本轮比赛的最终成绩。当今的帆船比赛，特别是高水平的大型赛事，参赛者的运动技术水平已经相当接近，竞争日益激烈。比赛的结果不仅取决于训练水平高低，也取决于竞技状态和临场发挥的好坏。

在比赛中，经常可以看到起航线上众多帆船排成一条线出发，迎风航线上最后转向点往往是一大群船同时转向。终点冲刺时，船群蜂拥而至，难辨前后，竞争十分激烈。

比赛中竞争最激烈的环节，当属起航阶段。因此，人们越来越认识到，在与水平相当的对手比赛时，良好的起航经常会是低水平选手战胜高水平选手的奥妙之所在。因此每一轮比赛，每一个选手无不在比赛中力争获得一次成功的起航。

在比赛中，一次成功的起航，主要有4个明显的标志，即清晰的气流、快捷的船速、有利的出发位置和准确的起航冲线时间。

首先，清晰的气流是推动帆船前进最主要的外部条件。获取清晰气流的主要条件是上风没有船遮盖影响，下风没有船造成回风的影响。帆船、帆板在起航时能达到较高的速度不仅是获取清晰气流的结果，同时还依赖于高超的起航启动技术。这两者同时作用，才可使帆船、帆板在起航后短时间内就达到较高的船速。

其次，帆船、帆板所在起航线的位置也至关重要。如果没有有利的起航位置，就是已经具备了清晰气流和最佳船速也难以取得第一个迎风段的领先位置。因为起航位置直接影响能否抓住好的航线选择机会。

再次，起航的准确时间，既不能抢航，也不能晚航。在帆船竞赛中，时间准确的含义主要是指不抢航。因为如果达到了起航的第一标准，即有清晰的气流，意味着应该出在起航的首排位置，过于晚航的可能性不大。

综上所述，不难看出起航时的清晰气流、快捷的船速、有利的出发位置和准确的起航冲线时间这4个要素既有其独立存在的特点，又有相互影响的关系。因此，要用综合思维的方法去认识和掌握它们。

起航战略概述

起航战略主要可理解为帆船、帆板在起航线上占据不同位置的策略。这种战略的制定依据主要是迎风航段战略。总的原则是，如果迎风航段计划跑左侧航线，则应在起航线靠近左侧标处起航；迎风段计划跑

右侧航线时，应靠近起航线右侧标处起航；迎风段计划跑中部，则应在起航线中部水域起航。

通常，当起航前为摆动风变时，应引起特别注意。当风摆向右偏时，应在比较偏右的位置起航；当风摆向左偏时，应在比较偏左位置起航。而当固定风变时，战略制定比较简单。但是，确认固定风变是比较复杂的问题。这里所讲的固定风变是指帆船起航后到达迎风标过程中风向变化朝一个方向运动，并不回摆。

起   航

通常固定风变发生在热力风时，午后右偏，冷风来临时也会导致风偏。一旦确认为固定风变，通常就应果断在风偏向的一侧起航线部位起航。这样在起航后，就会在迎风航段上缩短到达迎风标的时间。

起航线的观察与判断

帆船、帆板起航战略计划的制定，除了考虑迎风段战略布局，再就是考虑因风来回摆动造成起航线的偏斜问题。下面介绍几种观察起航线偏斜的方法。

罗经观察

用罗经观察风向是比较准确的。一般在比赛帆船上都装有罗经。罗经的方位线应与船的首尾线平行或重叠。帆船顶风停下，使主帆与船艏艉线重叠，罗经方位线的度数即为风向度数。然后用船艏艉线对准起航线，使二者成一线，读出罗经方位的度数即为起航线度数。如果风向和起航线的角度是垂直的90°，说明起航线是标准的。

两端点迎风行驶观察

应先后于两侧出发行驶迎风，然后分别读出两侧迎风航线度数与起航线度数的夹角，如果夹角一样，说明起航线标准。

起航线往返观察

这种方法比较简单易行。首先从起航线右侧标向左侧标行驶，使主帆处在合适的位置。然后转向折回 180° 由左侧标向右侧标方向行驶，此时仍保持原来的缭绳长度。如果帆角一样，说明起航线是标准的。

起航战术

左舷观察转向插空

基本方法是在起航前几秒钟到 1 分钟或更长时间，经左舷运动观察在右舷群船中，下风空间较大的位置，立即在下风迎风转向，插入占位。这种方法能比较灵活比较准时地占到位置。缺点是一旦船群比较密集，无机可乘就可能导致起航失败。

防止下风船抢位

起航前，常遇到左舷转向插空的船向右舷船的空间攻占，也有的是运动中的右舷船从下风突然攻占的，特别是在起航倒计时进入 30 秒内，这种突然地攻占危害是相当大的。如果对手是从下风攻占，你的下风自由水域消失，有起航后"吃"回风的危险。所以，应该采取战术行动，防止攻占。

如果有船从左舷向你驶来，有左舷插空的企图，你应该立即向此船靠近，把下风区域空间缩小。当左舷船驶离时，你再偏转或停船重新创造下风空间。

机动操作保持位置

当一条船到达了起航线区域上的计划位置时，它就要使出"绝招"以调整自己的位置，达到控制对手船的目的。当起航倒计时进入 1 分钟时，你就应该使自己处在前排位置或随时可能冲到前排的位置。倒计时30秒左右，你的任务是为清晰气流而战。此时既不能抢航也不能让上风船给自己挡风，还要以足够的精力，使自己下风有一定的空间，以备在冲起航线时加快船速之用。

右侧起航

当你的迎风战略决定右侧起航时，通常就要选择右侧裁判船处起航。右侧裁判船处起航，宜于判断起航线的位置，可以清楚地获悉起航信号。大风时，此方法较为有效。因为很多船会在最后时刻飘离右侧裁判船，留出一定的空间使你能够乘虚而入。另外，风大时位置比速度更重要，并且加速所需时间也较短。

左侧起航

在左侧标处起航风险较大，因为当左侧航线明显有利时，左侧端就会很拥挤，通常只有不多几条船能从船群中冲出获得清新气流。左侧起航其优点是：容易判断起航线位置；如果贴近左侧标起航，你不必担心其他船会进入下风干扰你；抢航被召回时，可以很方便地返回起航区。

起航线中部起航

现在，已有越来越多的人热衷于中端起航，因为在这里起航没有两端那样拥挤。而当赛场上的风经常摆动，你不知哪一侧航线更有利，这是最好的起航位置，你可以利用起航时的中断凹陷观察以达到好的起航效果。但是中端起航难以判断起航线位置，有时某一端确实有利，这样你就会在一开始就承受一些损失。船群较大时，这里的风会弱一些且波浪较大，如果你抢航了，就难以从端点绕回来重新起航。

起航训练

基本要领

有关帆船起航的基本技术有很多方面，总结归纳起来可分三项，即停船、船倒退和快速启动。这三项技术往往是在一次起航中反复并用的。

停船

停船，特别是突然间的停船，具有两个主要作用。其一是占位，选手停船的技术直接影响到他见机占位的战术。其二是当占据了一个有利位置，要保持住就要停得住。谁的停船技术好。谁就有可能更近地靠住上风船，而使距离下风船的空间加大。从而获得清晰气流。

倒退

倒退用于起航前帆船位置向后调整。当一条船的占据位置过于靠前时，用倒退的方法既快捷又不易失去有利的位置。

快速启动

快速启动技术是起航一刹那捷足先登捕捉清新气流，甚至是使第一段迎风航程卓有成效的关键环节。我们经常看到在帆船比赛起航时众多船一起冲出起航线，但只是几秒钟甚至更短时间就有几条船冲出船群开始领先。这些领先船主要是启动技术好，起速较快占了先机。

航程战术训练方法

迎风航段战术训练

同舷风迎风多船偏转逼压练习

在教练员的计划安排下，进行较长距离相互迎风偏转逼压。训练中除近迎风直线航行技术训练之外，还可以在训练中运用下风帆船对上风帆船的迎风偏转逼压技术。而且在规则规定范围内，允许上风帆船对下风帆船进行帆影遮盖干扰。队员之间如此互相攻防转换，可促使战术和技术水平及心理状态得到训练和提高。

迎、顺风标之间多船战术重复练习

船群集中在迎风标—顺风标之间进行迎风航程训练。根据船只多少和风速确定两标距离，一般风速时，在 10 条帆船左右的情况下，采用 300~500 米的距离。训练中尽可能地加大帆船相遇相联密度，加大训练的难度。目的是增多运用战术的机会，在大密度和接触中培养选手在复杂的环境中运用战术的意识和能力。

短距离全航程三角绕标团体对抗练习

在教练员的安排下，把参加的各组组成甲、乙团体互相对抗。在整个三角绕标过程中，都是用团体战术，力求取胜。

横风、侧顺风航段主要战术训练

横风"8"字绕标，多船追赶技、战术练习

在正横风的方向布置两个标志，帆船（板）横向行驶在两标之间，用"8"字图形连续绕标，在帆群中穿行追赶。在大密度的相遇和接触中运用战术。

小三角形场地多船追赶重复练习

在三角形场地中拉长侧顺风的距离，训练中突出侧顺风的内容，在多船多次的相遇、追赶过程中，运用遮盖、偏转等进攻和防守战术。

尾风航段主要战术训练

尾风航段是帆船选手夺取胜利的关键航段，针对我国帆船选手在这方面的弱点，应大力提高本航段的技、战术水平。

多船长距离尾风滑浪技、战术练习

帆群向上风航行到一定距离（约 1000 米）之后集中，统一出发，用尾风行驶。在滑浪过程中，在同舷风相联和相对舷风相遇时，以规则为武器，运用战术战胜对手。

帆板的基本技术

驾驶帆板，由滑行者站立在帆板板体上操纵帆杆，依靠改变帆和板体重心的相对位置转向，借助风力来滑行前进，风大时的时速可达50公里。学习帆板的驾驭技巧，一般先从认识风向开始，了解风从哪里来和前进原理。在未下水前，可先在陆上做水面模拟动作练习。

陆上模拟训练

陆上模拟练习包括将航板的头朝着前进方向，将帆置于下风，人背对风向拉起帆绳，学习起帆及左转、右转的动作要领。此外，也需学习依风的强弱调节帆的张度，在微风时放松，强风时拉紧。

平衡和落水训练

帆板滑行实际是一种平衡运动，操纵者要完全靠自身的体重平衡，才不致"翻船"。首先在没有装帆的航板上练习，最好选择水深齐腰的水面，第一阶段是在板上练习坐姿，然后练习半蹲，最后完全站直，试着保持平衡。

完成平衡训练后，可练习万一"翻船"时的安全落水法。通常从帆板上落水都是在出其不意的情况下发生的。一般人戏称的"贴邮票"，是指因背风太大而使帆翻覆在水面，人也直接扑倒在帆上。

另外一种被称为"盖棉被"，是人先向后倒，帆面再随后盖在人身上。两者都是在转向使风时，角度操作不当而造成的错误落水。

正确的方法是：当强风吹来无法操纵帆板时，应先把手松开，让帆顺风向前倒下，而人则从逆风一方落水，才可避免造成伤害。

起帆要领

在水面启航前，还要自行起帆。起帆时航板应与风向成直角，而帆前缘顺着风向放置，利用双足踩夹帆杆根柱，用身体的力量轻轻慢慢拉动帆杆绳子，直至把帆杆竖直，然后出手捉住帆杆中间附着的横式手把柄。出发前还要确认帆杆根柱是否插进航板的万向接头上，左右抖动手把柄看看是否运用自如，接着就可以入水冲风破浪去了。

基本驾乘法

在驾乘技巧方面，最主要是学习控制风帆与风的夹角，以调节帆面承受风力的大小。

侧风驾乘

航行方向与风向成90°，是所有驾乘技巧的基础。

顺风驾乘

风来自正后方，看起来速度应该会很快，但却因为顺风使船帆压力几乎消失，人失去凭靠，不易保持平衡，反使速度降缓，并较易发生危险。

偏顺风驾乘

风由斜后方吹来，是介于侧风和顺风间的航行，不但速度快而且容易平衡，是最佳乘航条件。

偏逆风驾乘

风来自斜前方，此时帆对风的张角非常小，速度会逐渐转慢。

逆风驾乘

无论帆板或帆船都不能逆风（顶风）而行，但可采用一种曲折迂回的"之"字形航行，即交替以向左和向右的偏逆风驾乘。

帆板直线驶的操作技术

直线驶速度是帆板竞赛取胜的第一重要因素，而直线驶操作技术水平的高低对速度快慢起着决定性作用。概括起来直线驶技术主要包括以下几个方面：两角稳定技术、帆板倾板技术、压帆技术、越浪冲浪技术等。

迎风直线驶技术

迎风直线驶的人体姿势和动作方法

迎风航段直线驶一般以风向角45°左右为主航向，在此基础上，根据风力的大小和风向的变化，以及航线上流和涌浪等情况，适时地变换驶帆操作方法，达到操稳帆和稳定板体的目的，以争取最快的航速。

迎风驶帆的基本身体姿势和动作可以概括为：操作者面对帆站立在板体上，双脚分立，与肩同宽，呈外"八"字形。双膝稍屈，身体直立适当后倾，双手握住帆杆，前手距桅杆约20~30厘米，握距略宽于肩。直臂用力，目视前方水面。

操帆时前手要控制好桅杆的倾斜角度，使板体保持直线行驶；后手调整帆角，保持良好的受风状态。随着风速的增大，人体站位逐渐向板体的上风舷移动，双腿用力蹬板，身体重心移向舷外，双臂伸直，帆面呈反扣状态，保持好帆的受风中心。

收后手会使帆的受风中心前移，板体出现顺风偏移；松后手会使帆后倒，会使帆的受风中心后移，板体出现迎风偏转。应准确把握航向，使帆板始终处于直线驶状态。除掌握正确的操帆技术外，还要根据具体航海的条件合理地、灵活地变换操作方式，操稳帆，稳定好板体，使人、帆、板体达到一个良好的平衡状态，提高直线驶速度。

迎风驶的两角稳定技术

一般地讲，风向角等于迎角和帆角之和，所以在实际操作中，可以用风向角和帆角这两个可操纵因素来控制帆的最佳迎风角度。对于升力型驶帆法的迎风航程来讲，只要保证一个最佳的迎风驶帆气流入射角度，使帆产生一个良好的升力，操纵得当，就能提高航线速度，这就是通常所说的两角稳定技术。

1. 最佳迎角的选择

帆型已定，当帆与气流的角度不同时，帆的下风面的负压力也随之变化。当帆与气流成某一合适的角度时，帆的下风负压最大，此时的帆动力效果最好，它所分解出来的前进分力最大，一般把这时气流对帆的入射角称为最佳迎角。这个角度约在23°左右，偏差2°~3°时升力效果明显变差。在操作过程中为能获得最大帆气动力效果，就必须牢固地把握最佳迎角的选择与操作，并要长时间地保持。

2. 最佳风向角的选择

帆板在迎风航线上行驶需要通过曲折航线才能到达迎风标。当帆板行驶大风向角时，板速快，但曲折行驶的航程长；行驶小风向角时，虽然路程短，但板速慢。因此，需要综合考虑行驶的路线和航速的矛盾，以求得用最短的时间到达迎风标。

风向角的选定与风的大小和涌浪的特征密切相关，假定帆板行驶某一选定的风向角在水面相对较平的情况下达到理想的效果，但在有涌浪的条件下则不同，因为涌浪形成的波阻力对帆板的速度和横移影响极大。

行驶的风向角小，受到的阻力大，波横移力小；随着风向角的增大，波阻力减小，而波横移力增大。可见，在大风浪中行驶，要相应地增大风向角，以减小波阻力，使帆板有更大的前进力。

正确地选择不同的风速和不同涌浪情况下行驶的风向角，无疑要靠日常训练的积累和经验的总结。当海面涌浪较大时，选定的风向角要比海面较平时略大；当风小浪小时，选定的风向角要小些。当风很小或很大时，首先要考虑到减少横移，应选择有良好航速的风向角。

在迎风战术中，有时选择小风向角，追求高速度；而有时则需舍弃角度，追求速度。风向角的这种变化是为适应战术需要，只能短时间内使用，不应长时间继续下去。就迎风航程来说，一般应保持最经济的风向角，大约在45°左右。操作中应在保持好速度的前提下，尽量减小风向角。

两角稳定与涌浪的关系

在风不变的条件下，随着板速的增大，感觉风向将向前移，且风速度增大；如果板速减慢，感觉风向会向后移，风速度减小。

帆板越浪时板首遇到陡的浪峰，小质点流是逆流，板速会降低，这时感觉风会变小，而且方向向后移，相对风向角就会变大；当帆板驶入波谷时，小质点流的方向和板前进的方向一致，对提高板速有利，此时感觉风会加大，方向前移，风向角变小。

为发挥和保持帆的最大效应，要相应调整风向角。板体上波浪时，要使板体有迎风偏转的动作，在操作上表现为略有松帆的感觉动作；板体下波浪时，要适当收帆减小迎角，使板体带有顺风偏转的趋势。动作的幅度与频率，要根据涌浪的波高与周期而定。除掌握好这种调整的频率与幅度外，要使整个动作舒展，配合好桅杆的弹性摆动可出现类似的"摇帆"效果，减少板体失速。

迎风驶倾板技术

帆板迎风技术是帆板在迎风行驶时，使板体向下风横向倾斜一定角度，改善板体的水动力效果，从而达到提高板速的控板技术。

倾板的水动力效应：稳向板、尾鳍的水翼作用，产生升力，减小浸水阻力。改变板体浸水形状，侧面阻力加大，减小板体横移。减小板体迎面阻力面积，越浪时能形成"切浪现象"。

帆板迎风行驶时，依据板速的快慢可分为三种倾板状态。一种情况是小风天、板体速度较慢时的倾板状态。为使帆力和人站板的平衡，桅杆略向下风倾斜。由于板速慢，尽管稳向板角达到最大限度，但水翼作用不明显。小风天的倾板操作主要靠人脚站位在板首尾线上，甚至超过首尾线到上风舷处，靠人体体重向下风舷的偏移产生倾板的横倾力矩。但倾板的幅度不大。小风天的操作应适当屈膝屈肘，使帆面直立，要保持帆板匀速行驶。

另一种情况是风力加大，板速提高，帆总动力加大，稳向板水翼效应明显提高，横倾力矩明显加大，靠人体重心向上风舷移动，双脚站在板体上风舷上，使重心与板体浮心保持平衡。倾板还要保持良好的滑行状态并要保持倾角的相对稳定。

第三种情况是风力更大，板速更快，稳向板水翼效应过大，板横倾力矩过大，此时需适当收起稳向板以减小横倾力矩，身体站位后移，双脚站在舷边上。这种情况下的板体首先要将器材调整在选手的控制能力之内，杜绝出现立板现象；要保持良好的身体感觉与反应状态，极早感觉行驶状态的变化。作出反应，进行针对性调整，保持良好的板速。

倾板技术与涌浪的关系

在板体能滑行的条件下，处理倾板与涌浪的关系十分重要，处理不好会出现帆板上浪时有松帆现象，下浪时有板首拍水现象，以致失速。在迎风倾板行驶中，要保持人体重心和帆受风中心的相对空间位置稳定。

板体上浪时，要适当屈膝、伸踝和向后移动人体重心，改善人体与板体间的压力关系，缓冲因板体的这种势位改变而带来的压力增加，从而减小浸水阻力。相反，板体下浪时可适当伸膝、屈踝、复位，加大人体重心与板体的压力，加大冲浪滑行的冲量。

这种身体调整的幅度与频率应视涌浪的波高与周期而定，配合迎角的调整：板体上浪时，略加大迎角；板体下浪时，略减小迎角，以减少板体失速。身体重心的合理移动可改变整个帆板运动的重心，这种重心的移动又影响着帆板的运动状态。

具体做法是：板体上浪时身体重心适当后移，使整个帆板重心后移，减轻板首对涌浪的压力，从而减小迎面阻力；板体下浪时身体重心前移，加大板体冲浪动量，提高板速。板体横倾角的变化也起着重要作用：板体上浪时横倾角加大，形成切浪现象，减小迎面阻力；板体下浪时可减小横倾角，加大冲浪效应。

帆板迎风驶的压帆技术

迎风压帆技术是指帆板以较好速度行驶时，帆的受风中心和人体重心形成最佳组合，并使下帆也接近板体表面，以增加帆空气动力效应，提高航速。航速的提高，板体侧面阻力中心的后移为压帆技术的实施创造了条件。

板体滑行后，其纵倾角增大，板首部分翘出水面，板体的浸水体积减小，浸水中心后移又使侧阻中心后移。另外，随着板速加快，稳向板的后收也会使板侧阻中心后移。由于这种板体侧阻中心后移的幅度大于帆的受风中心位置的变化，压帆技术既能提高帆的空气动力效应，又能弥补这一力矩的平衡，是这一条件下的最佳技术状态。

压帆后，帆的下帆也尽量贴近板面，封闭气泄，减小诱导阻力，帆的下风面气流加速流动的路线加长，负压增大，从而提高了帆的总升力。为争取更大的空气动力效应，压帆技术除使帆面向后、向下压外，还有使帆面向上风反扣的技术与帆后压共同组成压帆的技术。帆的反扣既可加大帆后压的幅度，又能产生垂直向上的升力。反扣能使帆的受风中心偏向板首尾线的上方，可减少因帆后压所带来的板体迎偏现象。

帆的后压与反扣是压帆技术的两个重要组成部分。帆后压至下帆也以贴紧板面为好，反扣幅度最好不超过10°。因为反扣过大会减小帆的投影受风面积。即便是能产生更大的垂直升力，也因缺少前进方向的推力而使板速降低。

综上所述，两角稳定、倾板、压帆和摇帆技术是帆板迎风直线驶技术的重要组成部分。

横风直线驶基本技术

横风行驶的风向角较大，一般在 80°～100° 左右。横风驶是帆板竞赛航程的重要组成部分，是各航段中板速最快的航段。

横风驶技术与迎风驶不同，风向角增大后，帆角相应增大。器材状态也有所不同，万向节滑座位置视风速、涌浪情况适当后移，涌浪越大，滑座位置越向后。稳向板视对板体的控制能力适当下放，通常板速愈快，稳向板收起愈多，帆弧较迎风时大，板速加快后，侧阻中心和人体站位后移，压帆幅度加大，利用脚套加强对板体的控制能力提高，板体滑行状态提高。这是因为帆板在横风行驶时，作用于帆上的感觉是风速大于真风速，帆产生总空气动力的方向与迎风不同。

迎角的选择

由于帆板横风行驶的板速较快，航行风相应较大，感觉风也随之增大，而且方向偏前，因此在迎角的选择上应小于某一风向角条件下的理论迎角。帆的空气动力曲线表明，在横风驶中，帆的迎角略大于最佳迎角时，升力就会突然下降；而迎角略小于最佳迎角时，其升力变化不大。运动员横风行驶经常出现收后手过紧的错误动作，致使迎角大于最佳迎角，帆的动力效应损失较大，影响横风速度。

风向角的选择

不同的风速，横向航线行驶的风向角有所不同。在风速相对稳定时，横风行驶航线是正对下一个标的航线。当风速变化较大时，风向角要发生相应的变化。

帆板属半滑行艇类，在大风横风行驶时接近滑行艇类；在横风行驶中，它的航行性能特点是风速不同，达到最高航速的风向角也不同。在小风天（8 节风速）的条件下，最高航速值的风向角约 70°～80°；在中等风天（5米/秒～7米/秒）时，最高航速值的风向角约90°左右；随着风速的增大，能达到100°以上的风向角为最佳。

因此，运动员在操作时，应注意观察风的波动。当阵风吹来时，略顺风偏转，加大风向角，行驶的航线向下风偏，以获得最高速度。阵风过后暂歇时，略迎风偏转，减小风向角，行驶的航线偏上风，以获得最高速度。

总之，帆板在横风航线行驶时，应该根据风速和风向的变化，及时地调整风向角，保持最快的行驶速度。

涌浪的利用

竞赛中横风一般是在横浪的海面状况下行驶的。在波浪的前坡及波顶，受浪的拍击及水质点流的影响，会使板向低于航线的方向运动；在波谷时，会使帆板向高于航线的方向运动。这样不仅对航线有影响，操作不合理，还会影响航速。

波浪前进的方向与风向有偏离的现象存在。在横风行驶中会遇到三种情况：第一种是波峰线与行驶的航线有迎角存在，第二种是波峰线与行驶的航线平行，第三种是波峰线来自板尾的方向。对不同的情况要采取不同的操作技术。

第一种情况，用双腿协调用力控制板体，协调地运用压帆和适当加大倾板的技术，使板体产生迎偏和切浪现象，避免板首被浪拍击偏向下风。后两种情况下，帆板实际行驶的航线是不明显的"蛇"形航线。当波浪来时，稍微顺风偏转，板尾斜着迎浪，借水质点流加速滑行，感觉风前移，后手适当收紧，保持好的迎角。当到波后坡时，略做迎风偏转，航向略高于下一个标志，在波浪的后坡继续行驶。当到达波谷时，再控制板体略做顺风偏转，准备利用下一个波浪。

在一个波浪的周期中，帆的调整幅度、人体重心移动的程度、两腿用力的大小与时机的掌握都要根据波浪的状况而定。

倾板及尾鳍滑行

横风行驶中保持帆板向下风倾斜的状态，所达到的气动力和水动力效果与迎风行驶倾板相同。在 3 级风（3.4 米/秒~5.4 米/秒）以下，横风倾板技术与迎风倾板技术类似。当风力增大、板速大幅度提高后，尾鳍产生的侧阻作用可抵消绝大部分帆的横向力，稳向板已收起大部分甚至是全部收起。这时，板体前部浮出水面，板体浸水面减少，选手可通过脚套的使用加强对板体的控制，提高滑行速度。

尾风直线驶基本技术

尾风直线驶属阻力型驶帆。尾风驶帆一般不采用正尾风航程，而是采用尽力贴近下风标方向的侧顺风航程，风向角一般在 150°左右。

尾风行驶时，帆角为 90°左右，桅杆向上风舷倾斜较大，使帆受风中心在板首线的垂直线上。

尾风行驶时的器材状态是帆较松，形成最大帆弧，万向节滑座收到后部，稳向板全部收起。

尾风驶的平衡方法

尾风驶的平衡方法与迎风有所不同，尾风行驶时，人面对板首站立，两脚左、右距离较窄，容易向左右方向摔倒，平衡方法有两种。

1. 站板平衡

尾风站板平衡是当身体重心向左移动时，立即改用左脚单独支撑，同时腰背向右侧弓出；当身体重心向右侧偏移时，则改右脚支撑，身体重心向左侧弓出。这样就可及时制止重心偏离支点，以保持平衡。

2. 操帆平衡法

当身体重心偏右移时，左手臂立即用力按压帆杆，压的方向要正对万向节，有一反作用力可将身体重心复位。相反，当身体重心偏左时，右手臂用力按压帆杆，压的方向也要正对万向节，产生反作用力使身体复位。

上述两种平衡方法可结合使用。在小风天使用效果明显，在大风天通过改变帆角从而改变总空气动力的方向来克服人体重心偏移也是可行的方法。

任何平衡方法只能在人体平衡将要破坏或破坏的初期才行之有效，稍迟疑便无法挽回。因此，平衡方法的采用必须及时、迅速而准确，越早、越快，效果越好。

尾风滑浪技术

通常尾风航段都驶侧顺风风向角。侧顺风的滑浪技术与上述横风滑浪技术的第三种情况相似，只是帆角更大，这就决定了在器材调整上较横风航程帆弧更大，迎角加大，万向节滑座位置后调，稳向板收起更大，这样滑浪效果会更明显。

帆板的摇帆技术

摇帆技术是帆板比赛中的重要技术之一，摇帆技术水平的高低对比赛结果影响重大。而在不同风力、不同航程时选手们则应根据具体情况采用不同的摇帆方法。

什么是摇帆呢？摇帆就是在正常的驶帆过程中，选手对帆具施以规律性的摇动，使其产生类似飞鸟扑翼似的运动，从而增加船帆的空气动力，使板体得以加速前进的过程。摇帆是"推进"帆船与帆板前进的一个重要手段，长期以来一直受到竞赛规则的严格限制。直到1993年，国际帆联修改竞赛规则，才取消了对帆板的摇帆限制。

摇帆方式和推进机理

摇帆方式

在帆板比赛中，不同的航海条件，要采用不同的摇帆方式。为了便于研究，人们将摇帆方式分为平摇和转摇两种方式。平摇是以桅杆底部的万向节为轴，使船帆做迎风方向的水平摇动。快速小幅度的平动摇帆，称为振摇。转摇是使帆以桅杆为轴心，做迎风方向的旋转摇动。

摇帆推进机理

从帆板摇帆时气流在反面流动的物理过程来讲，其推进原理可以理解为利用带有万向节的有弹性的桅杆，通过选手对帆有节奏地摇动，加快帆面的气流速度，增大迎角，增大帆的失速攻角，产生更大的动力。

迎风摇帆技术及训练

迎风摇帆技术

迎风摇帆时要充分利用身体重量向下及上风拉帆杆，使帆具开始摇动，随着帆具的运动，需要加速。为达此目的，腿部由屈曲状态伸直。当动作完成得恰到好处时，帆具达到相当大的速度。

最后，运动员应完全在板上站直。随着帆具继续加速，手臂逐渐拉帆靠近身体，最后使后手臂爆发性地向内收帆。在整个摇帆过程中帆杆的前部大致遵循一个椭圆形的运动轨迹。

在二级以下风况时，一般采用大幅度平摇技术。达到二级风时可以采用小幅度平摇技术。当板体基本处于滑行状态时，一般以驶帆为主，辅以平摇加速即可。需要注意的是：

（1）摇帆过程中帆的形状应始终保持良好的状态并形成稳定的气流入射角度。随着速度的提高，会出现迎偏现象，所以要注意及时调整风向角。

（2）保持上臂伸展，不屈臂摇帆，并根据风力情况，增加屈膝、屈髋深度，加大摇帆幅度。

（3）将帆处在反扣状态下摇动，效果会比较好。

（4）注重身态动作，身体重心尽量远离帆面，小腿与板体夹角越小越好，施力方向尽量与板体前进方向一致。

迎风摇帆训练

1. 陆上模拟训练

摇帆技术训练可以在陆地上进行模拟练习，以达到规范摇帆技术形态和身体动作的目的，通常可采用以下方式进行训练：利用摇帆模拟器练习；利用肋木等运动器材，模拟水上摇帆练习；利用综合练习器，负重摇帆模拟练习；利用肋木、综合练习器等运动器材进行摇帆训练，只能作为辅助性的专项力量体能训练。摇帆技术的模拟训练，应主要在摇帆训练器上进行。

2. 水上摇帆训练

水上摇帆训练可分为循环摇帆训练和间歇摇帆训练两种方式。循环摇帆训练为：选手操纵帆板绕过教练艇下风、左舷风（或右舷风）迎风直线驶摇帆行驶 200 米或更大的距离，然后侧顺风返回。如此反复，可连续进行 8～10 次，然后改变舷风做同样练习。

间歇摇帆训练为：选手绕过教练艇下风连续摇帆 200～300 次后停摇 20～30 秒，但要保持正常行驶，然后再摇 200～300 次，再停，再摇，进行连续多组次练习（都是侧顺风，返回进行第二次练习）。

顺风摇帆技术

不同于迎风段的动作，顺风摇帆时帆的初始位置应远离身体，选手的动作可以描述为：将桅杆的端部在下风侧向回拉的桨叶运动。在小风天，尾风摇帆近似于一种划桨和舀风的动作，从上面看，桅杆顶端作"八"字形运动。

风力情况不同，使用的摇帆方法也不同。小风天一般采用单侧平摇，风力微弱时采用大幅度双面转摇法。当风速达到 10～12 节，应通过调整滑座、站位和减少风向角等方法，摇帆滑行。其原则是宁可在风向角上受到损失，也一定要摇帆滑行以速度取胜，不可贪图短航线而采用正尾风航线。当风速达到 15 节，在板体轻松滑行起来的情况下，可以坚持高频摇帆，以速度为主。

帆板转动的基本技术

帆船是靠舵来保持和改变航向的，因此舵是任何船只不可缺少的重要部分。但是自从发明帆板以来，突破了这种看法。帆板虽然没有舵，但其桅脚部分的万向节，将整个桅帆解放出来，它可以以万向节为轴心向各个方向任意倾斜和扭转。这就使帆的受风中心的位置以及帆力作用线的方向有了一个很大的自由活动空间，也就是说这使受风中心和帆力作用线可以与水阻力中心产生出许多不同的关系，从而产生出扭转力矩来促使板体转动。从这一点我们可以认识到，帆板在转动过程中桅帆的不同位置不同状态的操作是关键技术。

帆板的迎风偏转和顺风偏转

迎风偏转的技术方法

帆板的迎风偏转是从风向角 180°～0° 的 180° 跨度偏转。所以，开始时的状态和结束时的状态有很大差异。为了能较准确地叙述技术方法，我们将这 180° 的跨度分为 180°～90° 和 90°～0° 两个部分来说明。

迎风偏转时的控制技术

当帆板从 180° 风向角向 90° 风向角偏转时，可以理解成帆板正在作正尾风行驶。帆板正尾风行驶时，为了保持直线航行，帆的受风中心和帆力作用线必须通过板体的水阻力中心。这时帆面几乎与首尾线垂直。为了促使板体偏转，必须打破这种僵局。

方法是把帆向下风倾斜，就是说沿着后帆角所指的方向倾斜（帆面与首尾线仍按成 90° 的帆角）下去。倾斜的结果，使受风中心和帆力作用线偏在了下风一侧，于是产生扭转力矩，板体自然会作迎风偏转。

随着偏转的进展，帆角也要逐渐相应减小。随着帆角的减小，桅杆和帆面也逐渐由向板体的垂直方向倾斜改为向侧后方向倾斜，从而继续保持扭转力矩的存在。当帆板转到90°风向角时，帆角也收到了45°左右的位置。

当帆板90°～0°作迎风偏转时，也可以理解为帆板正在正横风行驶。这时的帆角根据风速船速的不同控制在约45°～20°的范围内。桅杆成前后垂直或后倾状态，受风中心和帆力作用线正穿过阻力中心。

为了产生扭转力矩，整个桅帆可以在保持帆角的情况下，沿着后帆角的方向倾斜下去。这时扭转力矩产生，板体就会迎风偏转。随着迎风偏转的进展，帆角继续减小，但桅帆的倾斜状态不变。当板体偏转到0°正顶风时，帆角也成了0°，甚至成为负帆角。

迎风偏转时板体的控制技术

在180°～90°迎风偏转前的正尾风行驶时，一般都是收起稳向板。偏转开始应放下稳向板，使阻力中心偏向前方，如果为了加快偏转速度减小回转半径，可以加大一点纵倾，同时使板体产生向下风的横倾。这种纵横倾的配合结果会使稳向板在水流中产生升力，这种升力会分解出推动板体迎风偏转的分力来。这种分力的大小与板速有关，板速越快偏转分力越大，当然板体转动速度就会越快。即使90°～0°的迎风偏转中，这种板体的纵横倾控制方法同样对加快偏转有效，直到接近顶风帆板失速时效果锐减或消失，这时横倾板体已无意义。

迎风偏转时人体的控制技术

当帆板从正尾风行驶中开始迎风偏转时，人体是面对板首和帆面的。为了使帆面向下风倾斜，双手的帆杆握位可适当向前调整。为了加大纵倾，人体可适当后站。人体向上风倾斜抵消桅帆向下风倾斜的重量。人体重心在下风腿上，下风腿可蹬直，而上风腿弯曲，这样造成横倾。

随着偏转的进行和帆角的减小，人体也要随着扭转，以保持上体面对帆面，同时双脚的站立也要从开始的横站逐渐向纵站过渡。

顺风偏转的技术方法

顺风偏转帆的操纵技术

顺风偏转如果从0°开始，一般都是在失速的情况下，此时的桅帆应当尽力向板首方向倾斜，同时后帆角收到上风舷约成20°的负帆角，

顺风偏转

使帆成反受风状态。帆一旦受风，帆力就产生。由于桅帆的尽力前倾，肯定使受风中心和帆力作用线远离阻力中心，因此扭转力矩出现。板体即使在失速的情况下，板首仍然能向顺风方向偏转下去。当偏转过30°风向角后，帆面应改为正帆角，但桅杆仍然想板首方向倾斜，此时板体开始起速。

风向角转过45°之后，桅杆由向板首倾斜改为同时向上风方向倾斜。当风向角转到90°左右时，桅杆的倾斜应当主要偏向上风方向，帆角也在逐渐放大。但迎角应始终保持在20°～30°的范围内。随着顺风偏转的继续进行，桅杆的倾斜逐渐改为向板体正横倾斜，同时帆角继续放大，直到180°正尾风时帆角达到90°。这时桅杆应立即减少正横方向的倾斜，制止板体转动，顺风偏转结束。

顺风偏转的板体控制方法

顺风偏转的开始阶段，特别是在失速的情况下，板体的纵横倾斜控制意义不大。当板体风向角超过9°后，速度加快时，要适当地控制板体状态使纵倾适当加大，并造成向上风的横倾，这时稳向板的效应出

现。与迎风偏转时的原理一样，会产生偏转力矩来加速板体的顺风偏转，同时减小回转半径。

顺风偏转的人体控制技术

当顺风偏转从 0° 风向角开始时，人体的站位很困难，这种情况下可以使前脚站在桅脚前边，后脚仍然在桅脚后方，这样一来减小负帆角的下帆边对站位的影响，二来有利于前脚用力蹬板下偏。这时双手握帆杆的位置可偏后一点，有利桅杆前倾。当风向角偏转超过 30° 后，前脚可以换站在桅后，当然后脚也要相应后移，仍成纵向站位。当风向角偏转接近或超过 9° 时，后脚应再后移，并站在首尾线下风，前脚则站在偏前的首尾线上风，成非纵非横的斜向站位。

当桅杆向上风方向明显倾斜后，为了保持人体和帆的平衡与克服回转中的离心力，人体应略向下风倾斜，上风腿蹬直，下风腿弯曲，促成板体向上风横倾。当板体偏转接近 180° 风向角时，双脚应改为横站，人体面向板首和帆面，握手可恢复到正常握位。

迎风转向和顺风转向的操作方法

不管迎风转向或顺风转向都是板体转动中越过了风向，从而使人体和帆都从原有舷位转到了另一舷位上，这就使操纵技术方法比偏转复杂了一些。

迎风转向的技术方法

迎风转向一般是从 45° 风向角的迎风直线驶状态开始的，到转向之后进入新舷风风向角 30° 以上为止，因此在这里我们主要叙述这个范围内的帆、板和人体的控制技术方法。

迎风转向帆的操纵技术

迎风转向开始，桅帆在原直线驶的帆角位置上不变，但要沿着后帆角的方向倾斜下去，直到后帆角接近水面。这时帆力作用线必然偏在阻

迎风转向

力中心后面，扭转力矩产生，板体开始了迎风偏转。

随着偏转的开始，帆角应随之减小，即后帆角向舷内拉进，仍然使帆角保持有力的受风状态来推动板体继续偏转。随着板体的继续偏转，后帆角也拉到了首尾线，进而拉向了上风舷边处，以促使板首不但风向角达到0°，而且使板首越过风向10°左右。这时应立即停止拉帆，人体尽快换到另一舷，并尽快地将桅杆前倾，同时收紧后手使帆面成负帆角并受风。

这时受风的帆面所产生的扭转力矩，已经由原在阻力中心的后方改在阻力中心的前方。但仍然有效地继续扭转板首向新舷风的下风偏转。当板首偏转到30°风向角时，帆角应当恢复到迎风驶正常状态。桅杆的前倾也逐渐恢复到正常位置。这时帆板已经起速，并进而进入到45°风向角的正常行驶中。

1. 迎风转向板体的控制技术

在迎风转向的开始阶段，在站脚位置可控的情况下，可以控制板体向下风横倾，稳向板的横倾效应会促进板体的迎风偏转速度。但当越过风向之后在新舷风上继续作顺风偏转时，应当控制平板，平板会最大限度地发挥对板体横移的控制，避免使板体过多地失去上风位置。

2. 迎风转向人体的控制技术

迎风转向开始，后脚可适当向板尾方向挪一下。如要造成板体横倾，可将脚踏在首尾线的下风（风不大时不必这样）。后腿蹬直，做转向开始阶段的用力支撑腿。转向的开始阶段，由于桅杆后倾，后臂握帆杆向后伸出，前手可改抓桅杆（帆杆下方），主要靠后手拉帆，身体仍然面向帆面。

当后帆角拉到首尾线时，前脚跨到桅脚前，上身向板首方向倾斜。后腿仍蹬直，前腿弯曲，脚尖内扣，上体大约面向桅杆。当帆拉过首尾线，拉成负帆角时，后腿虽然仍保持用力蹬板，但人体重心已转移到前腿上。前腿仍屈，上体前倾越过桅杆并仍面对桅杆。

当后帆角拉到负帆角 $15° \sim 20°$ 时，立即松后手，同时后腿略蹬板随即移脚与前脚并拢。与此同时，上体转至桅前方，面对板尾。随即将桅拉成垂直状态，并改换后手抓桅杆，这时双腿屈。当后手抓住桅杆时上体再转，转入新的一舷，原前脚迅速从桅脚位置向板尾方向跨出一步成为新后脚。

在上述动作的同时，原后手用力迅速拉桅杆向板首方向倾斜。随即原前手伸抓帆杆后手位，成为新舷风的后手。后手一抓帆杆立即屈臂，将后帆角收进舷内，甚至拉过首尾线。与此同时，前手（仍抓桅杆，也可改抓帆杆）伸直推出桅杆，使帆面尽快受风，促使板体顺风偏转。使板体转至约 $30°$ 风向角时，前脚从桅脚前移至后方正常位置，前手也换握正常操纵位置。

迎风转向动作结束

上述的帆、板和人体的迎风转向操纵控制技术只是一般性的规范方法，实际操作中大中小风都会略有差异。即使同样风速，由于身高和体重的不同也会产生差异。技术熟练程度和个人习惯也会有不同的技术方法的表现。这些差异是正常的甚至是应当的。

顺风转向的技术方法

帆板的顺风转向，较多的是从 $130°$ 风向角转成新舷风 $130°$（也有从 $10° \sim 100°$ 的情况）。因此，我们主要从这一范围内的转动操纵技术作讲述。

顺风转向帆桅的操纵技术

当帆板以 $130°$ 左右风向角作侧顺风直线驶时，稳向板一般是收起的。顺风转向开始，桅杆先沿原帆面方向前倾，同时后帆角略收进。板体会迅速地顺风偏转下去。随着板体偏转的进行，桅杆的倾斜方向渐向正横方向转移，后帆角也渐松出，这时帆的受风中心应明显地偏在上风一侧，板体转动会继续并加速。

当板体转成风向角180°左右时，桅杆应转倾到上风的正横位。但这时不要停止，应当继续越过正横位置，向后方向加速划去。这一加速划动也会促使板首迅速越过180°位置进入到160°～140°新舷风的风向角方位上去。

最后这一次划帆的结束立即将桅帆向帆面方向收进，减小桅杆的倾斜度使桅杆直立起来。同时松后手，只有前手抓住桅杆或近桅处的帆杆。这时风力会吹动帆面以桅杆为轴转动，后帆角会以最快的速度转向新舷风的下风。帆面转动中，双手交换，原后手（新前手）改抓另一舷的帆杆近桅处。当后帆角转到与风向一致时，新后手立即抓在正常握位并收进帆杆，使帆受风，板体会继续偏转并进入新一侧顺风的舷风行驶。

顺风转向板体的控制技术

顺风转向开始，特别当速度较好时，可以控制板体出现向下风的横倾，并配合适当的纵倾，这样尾鳍效应会加速板体的顺风转动（但当放下稳向板时，横倾的方向恰恰相反）。在有速度的情况下，这种横倾可以一直保持到越过180°进入新的舷风时，特别是在转帆过程中效果更好。当板体转到接近正常直线驶的方位时，横纵倾停止。

顺风转向人体的控制技术

顺转开始为了促使桅帆前倾，双手可适当后抓帆杆，屈后臂推直前臂更有利于帆的受风，从而产生转动力矩。为了保持与倾斜桅帆重量的平衡和克服板体转动时人体的离心力，人体要向桅杆的相反方向适当倾斜。这种姿势特点要保持到转帆换舷时才结束。

为了促成板体的纵横倾，顺转开始时，双脚可适当后站（板尾方向），双腿侧斜站位，后脚在首尾线的下风偏后，重心偏在后脚上促使板体横倾。临转帆前，桅杆减小倾斜，前手快速改抓桅杆或接近桅部的帆杆，然后松出后手使帆面随风转向新舷风的下风。

随后在帆角转至近顺风方向时，原前手抓桅杆拉近胸前（桅杆不超过首尾线），原后手迅速抓桅杆或帆杆近桅处。然后迅速松掉抓桅的前手，改抓新舷风的后手帆杆位置，接着收紧后手使帆受力促成帆板继续转动和前进。当帆面转动换舷瞬间，双脚应当换位。换位后，仍然是前脚偏前踏在首尾线上风区，后脚偏后踏在首尾线下风区，上体面对帆面。

航海安全与救援

帆船、帆板运动是一项集竞技、娱乐、观赏、探险于一体的体育运动项目，运动员依靠自然风力作用于帆，从而实现驾驶帆船前进。俗话说"天有不测风云"，在变幻无常的海上从事帆船、帆板运动无疑是非常危险的。因此，注意航海安全，学会自我保护就成了每一个帆船、帆板运动员必备的素质。

救生衣

救生衣，也称个人漂浮装备，是最重要的海上安全装备。在海上航行过程中，不管运动员水性如何出众，都应该穿着救生衣。也许初学者在刚开始穿着救生衣时感觉不太舒服，穿着一段时间后就会适应。

在挑选或购买救生衣时一定要确保救生衣质量可靠，而且大小合身，不会在你落水时发生脱落等意外事故。另外，在波浪里黄色和橙色是最醒目的颜色，它将会在运动员落水发生危险时增加被发现和获救的机会。

海上救生衣（Ⅰ型）

海上救生衣是为援救可能被延迟的在海上船员设计，它能够最大限度地保护一个没有知觉的人，使其脸朝上，背朝下。

近岸救生衣（Ⅱ型）

近岸救生衣是为那些在内河航行、发生危险可被很快救助的船员设计，能帮助落水运动员脸朝上、背朝下。通常情况下，近岸救生衣的浮力要比海上救生衣的浮力小。

助浮器型救生衣（Ⅲ型）

助浮器型救生衣是为比较平静的内河航行的人设计。这种漂浮衣可帮助有知觉的人身体垂直或背稍微后仰，它也是帆船运动员专用的救生衣。

可投掷装置（Ⅳ型）

可投掷装置像飘浮垫或飘浮环，在危险的时候可以掷给溺水者。这些装备不能替代救生衣。

海上救生衣

助浮器（Ⅴ型）

与Ⅲ型救生衣相似，此外还有一片保护头部的装备。这些装备仅具有一点点浮力，如果需要的话，可以通过打开阀门或拉绳索激活压缩空气罐使之膨胀。

低体温症

如果运动员穿着不当的话，气温过低或水温过低都可能对身体造成威胁。如果身体长时间受凉，则有可能发生低体温症。低体温症最普遍的原因是在冷水中待得过久，也有可能是气温较低。

户外遭遇的低体温症

低体温症（体温过低，也称低温症，失温症）发生的原因主要是在寒冷环境中从皮肤丢失的热量多，不能使体温保持在一定的水平上。遭遇低体温症的最坏结果是冻死。低体温症分为两种类型：

1. 暴露型

在寒冷环境下通过呼吸、蒸发（汗湿或潮湿的衣物）或者没有适当保温措施造成的热量逐步散失。这种类型的低温症易发于任何一种户外活动，特别是在气候易变的野外，或在旅行者迷路、受伤或食品供给不足的情形下发生。

2. 浸泡型

因为冷水传导造成热量快速丧失，表现为快速发作（海水中仅为10～30分钟）；水上运动一般都是发生这一类型的低体温症，在所有类型的天气状况下，在水中身体冷却的速度，要比在空气中快25倍。在10℃的水中，如果没有热保护装备，人们在30分钟后就会失去自救的能力。即使获得救援，浸在水中1小时后，能够生存的机会也微乎其微。

低体温症症状

按逐渐加重的顺序为：

（1）控制不住的颤抖。

（2）无法完成复杂的动作，特别是手不听使唤，步伐不稳。

（3）神志不清，言语含糊。

（4）剧烈颤抖。

（5）不合常理的举动，例如，脱掉外衣而不知道其实很冷。

（6）停止颤抖（此时进入非常危险状态）。

（7）皮肤发白，变青。

（8）瞳孔放大。

（9）心跳和呼吸剧减。

（10）肌肉发硬。

（11）体温在32℃时身体进入"冬眠"状态，关闭手臂和腿部的血流，急剧降低心跳和呼吸频率。

（12）体温在30℃时身体进入新陈代谢几乎停止的"冰人"状态，看似死亡了，但人仍然是活的。

低体温症的救护

如果判断是低体温症的症状。应立即求救，同时正确自救：

（1）确保发生低体温症的运动员身体是干燥的，一定要脱掉湿的内衣。

（2）降低热散失。方法有：换干的衣服，多加外衣，找到避风所。

（3）食物和饮料。最好是温热含糖的饮料，不可以有酒精、咖啡因和尼古丁。

（4）外部取热。烤火，在睡袋中与一个健康人相拥。

（5）在伤者腋窝和腿之间安置温热水袋。

（6）不可以按摩或摩擦发生低体温症运动员的身体。

（7）不可以尝试使手臂与腿变暖，那会使冷的血液流回心肺和脑部，导致核心体温进一步下降，这是致命的。

（8）准备做长达几个小时的人工呼吸。

（9）送到医院，进行专业救治。

中暑及其救治

在热天里也要小心，因为运动员可能会中暑。在炎热的天气中运动员应喝大量的水，当太阳炙热而又无风的时候，可以跳到水里游泳降温。

中暑症状

（1）中暑先兆：大量出汗、口渴、头昏、耳鸣、胸闷、心悸、恶心、体温升高、全身无力。

（2）轻度中暑：除上述病症外，体温38℃以上，面色潮红，胸闷，有面色苍白、恶心、呕吐、大汗、皮肤湿冷、血压下降等呼吸系统衰竭的早期症状。

（3）重度中暑：除上述症状外，出现昏倒痉挛、皮肤干燥无汗、体温40℃以上等症。

中暑后的急救措施

（1）迅速将中暑运动员移至凉快通风处。

（2）脱去或解松衣服，使中暑运动员平卧休息。

（3）给中暑运动员喝含盐清凉饮料或含食盐0.1%～0.3%的凉开水。

（4）用凉水或酒精擦身。

（5）重度中暑运动员立即送医院急救。

（6）还有与常理相悖的现象：一般人热得大汗淋漓，但中暑运动员后来会停止出汗，此时说明其已进入非常危险的状态。

救援其他落水运动员

运动员在航海运动中，都有可能遇到援救落水人员的情况。落水是一件比较危险的事情，如果运动员驾驶帆船在海上航行时遇到有人落水，应该尽一切可能地去营救落水人员。学习营救落水人员并不是一件很复杂的事情，它需要一段时间练习如何操纵帆船靠近并停在落水者旁边的位置，以帮助落水者登上船。

该练习的要点是：不要让帆船顶风行使，而应以小角度横风航行状态小心地接近落水者，然后松开帆把帆船慢慢地靠近落水者的身边。

在营救落水者的过程中，应该从船的上风边与落水者保持联系，把帆船停在安全区域，然后把落水者从帆船的船尾肋板上风处拉上船。

如果落水者与帆船之间还有一段距离，在帆船上的运动员应该伸出船桨或抛出绳子让落水者抓住。在落水营救的过程中，船上的人员与落水者要时刻保持语言联系，并密切观察落水者。这个练习可以利用一个装有 15 千克水的塑料桶作为落水者的模型来模拟落水者，为运动员提供练习营救落水人员的机会。

顺风换舷营救落水者的方法

当有运动员落水后，一个可供选择的方法就是顺风换舷，顺风换舷救援的方法只能在小风天中应用；在大风天中，如果船上的人手不够或驾船人员经验不足，那么顺风换舷可能会导致翻船事故的发生。

"定点漂移"方法

当有运动员落水后，立即迎风换舷，换舷后前三角帆依然固定在原先的位置。因为前三角帆固定，风就会作用于三角帆换舷前的背面，推动帆船漂向落水者；在这个过程中，主帆要完全松开，让它随风飘动。这种方法可以让帆船更快接近落水者，可以让运动员更好地看到落水者并与之保持良好的沟通，这种方法在小风天中最适用。

防止落水

首先，每一名帆船、帆板运动员都应该加强安全意识，防止落水。大多数的落水事故都可以通过培养安全意识来预防，当然确保帆船和设备的良好状态也是一个非常关键的因素。

（1）在航行之前，彻底检查一下帆船的状况，特别是压舷带、副舵柄和缭绳等。

（2）穿上防滑鞋。上船的时候也要带上。

（3）在下海航行之前听一下港口的天气预报，察看天空中是否有潜在的危险天气会发生，尽量避开引起事故的大风。

自我救护

在海上，有时候遇到一些小麻烦，如手指抽筋或耳朵进水等危险情况。所以在出海之前多了解一些自我救护措施是十分必要的。

手指抽筋

将手握拳，然后用力张开，反复几次，直到抽筋消除为止。

小腿或脚趾抽筋

先吸一口气仰浮水面，用抽筋肢体对侧的手握住抽筋肢体的脚趾，并用力向身体方向拉，同时用同侧的手掌压在抽筋肢体的膝盖上，帮助抽筋肢体伸直。

大腿抽筋

和应对小腿或脚趾抽筋的方法一样，大腿抽筋的时候同样可以采用拉长肌肉的方法解救。

耳朵进水

耳朵进水，在水中可用吸引法。方法是：将头偏向进水一侧，用手掌紧压进水的耳朵，屏住呼吸，然后迅速提起手掌，反复几次，将水吸出。在岸上可用跳震法：站在岸上，将头偏向有水耳朵一侧，以同侧的腿支持身体，原地连跳几次，使水从耳朵里流出来。

PART 7 项目术语

比赛航标

比赛航标是帆船比赛水域里的设施，用来显示比赛航道的标志物。

风向角

帆船运动驶帆用的术语。指风向同帆船首尾连线之间的夹角。帆船前进的动力主要依靠风力，而风向对帆的推进作用大小至关重要。运动员必须正确掌握风向角，才能充分地利用风力来驾驶帆船。各种不同的风向角其区分的度数是：顶风的风向角在 0°～30°之间；前迎风的风向角在 30°～60°之间，后迎风的风向角在 60°～80°之间，横风的风向角是 80°～100°之间；顺风的风向角是 100°～170°之间；尾风的风向角是 170°～180°之间。

主帆

帆船上主要装置的名称。单桅运动帆船上有一个桅杆和一个帆，如主帆艇凯特艇上的帆就是主帆、双桅运动帆船上，两个桅杆一前一后，有的主桅在前，如意奥尔艇和克其艇。有的主桅在后，如什胡拉艇。可以认为前帆缘系在主桅上的大三角帆——百慕大帆或大四角帆均为主帆。

主桅

帆船上的主要装置附件之一。帆船主要靠帆来受风航行，而帆又必须依附于桅杆上才能扬帆远航。桅杆大多用硬质圆木或金属制成。根据帆船的大小和需要，分单桅帆船和双桅帆船。单桅帆船的桅杆大多位于靠近艇首的地方。双桅帆一般用于较大的帆船，两根桅杆一前一后。在双桅帆船中分舵前后桅艇和舵后后桅艇，这些帆船上前面的大桅叫做主桅；另一种后桅艇上，后面的桅叫主桅。

龙型

帆船运动的船型之一。属龙骨船一类。龙型帆船的帆上标一"D"字，为 Dragon 之字头。船身最长处为 8.9 米，最宽处为 1.9 米，吃水1.2 米。帆的面积为 22 平方米，船身重达 1700 公斤。龙型帆船由 3 名运动员驾驶。1948 年至 1972 年曾 7 次被列入奥运会帆船比赛项目。

星型

帆船运动船型之一。自 1932 年列为奥运会比赛项目，属龙骨船二类。星型帆船的帆上的标志是一颗五角星。船身最长处为 6.92 米，最宽处为 1.73 米，吃水深 0.925 米，重达 662 公斤。由 2 名运动员驾驶。自 1932 年第十届奥运会起列入奥运会帆船比赛项目，当年美国的"丘比特"号获得该型号奥运会首枚金牌。

索林型

帆船运动船型之一，属龙骨船一类，系挪威人索林设计，因而得名。船身最长处 8.15 米，最宽处 1.90 米，吃水深 1.30 米，重达 1035公斤。艇上有三个帆，其中主帆（后帆）的面积为 13.60 平方米，前帆的面积为 8.10 平方米，球形帆的面积为 32.98 平方米。索林型帆船由 3名运动员驾驶，被列为 1972 年第二十届奥运会帆船比赛项目。

暴风雨型

帆船运动船型之一，属龙骨船一类，帆上的标志为一"T"字。暴风雨型帆船是由英国人普罗克特 1946 年设计的。船身最长处为 6.68 米，最宽处为 2 米，吃水深 1.14 米。帆的面积为 22.92 平方米，重 400 公斤。该帆船由 2 名运动员驾驶。1972 年第二十届奥运会时，暴风雨型和索林型一起被列入奥运会帆船比赛项目。

左舷

船的两侧称为舷。按船尾向船首的视向，船的左侧为左舷。

右舷

船的两侧称为舷。按船尾向船首的视向，船的右侧为右舷。

信号旗

指帆船比赛时，裁判员指挥比赛的用具。帆船比赛的水域较大，要组织好以风力为动力的帆船进行比赛，只有通过裁判船用国际旗语和音响来传达命令。裁判船的每一种信号旗均用不同颜色和图形代表一个拉丁字母，用以表示一种指令。

国际上通常用一面旗或两面旗来表示一个意思。例如红旗表示比赛帆船必须按顺时针方向绕过标志，即右舷绕标；绿旗则表示比赛帆船必须按逆时针方向绕过规定标志，即左舷绕标；蓝旗表示终点。

托纳多型

托纳多型又称"龙卷风型"或"卡塔马兰型"，帆船运动的船型之一，属多体艇一类。该型号于 1966 年由英国的马奇设计制造。船身为双体艇，最长处为 6.1 米，最宽处为 3.05 米，重达 148 公斤。艇上有两个帆，主帆（后帆）的面积为 10.2 平方米，前帆的面积则为 5.4 平方米。由 2 名运动员驾驶。托纳多型帆船的速度很快，其最高时速可达 30 海里，相当于每小时 55.6 公里。于 1976 年列入奥运会帆船比赛项目。

艇舵

艇舵是帆船的装置附件，用来控制帆船航行的方向。帆船的舵有两种：一种是固定舵，具有钢性舵柄的固定式舵叶；另一种是提升式舵，具有分离式的舵柄。固定舵主要用于龙骨艇，而稳向板艇和平底艇通常用提升式舵。

左舷受风

帆船航行的方向取决于艇体中央纵垂面与风向间的夹角，或取决于帆船方位的角度。当风从船的左侧吹来，主帆位于右舷，帆船就是左舷受风。

右舷受风

帆船航行的方向取决于艇体中央纵垂面和风向间的角度，或取决于帆船方位的角度。当风从船的右侧吹来，主帆位于左舷，帆船就是右舷受风。

平桨

帆船运动主要依靠风力作为推进的动力，但在离岸和返回岸边时也要用桨划船。帆船划桨时，先将稳向板提起，这时水对船的阻力作用很小。为了避免桨叶受波浪冲击和减少空气阻力，在划桨过程中，桨叶击水后即用手腕转桨，使桨叶与水面平行，这就是平桨。

吃水

吃水指船体在水面以下的深度。由于船体底部沿船长的方向不一定平行于水平面，因此，沿船长船体的各部分吃水深度也不相同。在船体前垂线处的吃水，称为"前吃水"或"首吃水"；船体后垂线处的吃水，称为"后吃水"或"尾吃水"；船体长的中点垂线处称为"平均吃水"。

压舷

压舷指帆船驶航时，为了充分利用帆面积和强风取得更大的帆动力，一方面使帆船按预定方向行驶，同时又要保持帆船的平稳航行，减少横倾，把船员分布到上风舷一侧。有时为了降低船的重心，进一步增加抗横倾力矩，尽可能使运动员身体探出船外更远的距离，甚至把全部身体悬挂在舷外，称为"悬挂压舷"。悬挂压舷要有专门的器材装备，如吊索、把手、吊索背带、座垫、挂环、挂钩等，以保证运动员的安全，并使压舷取得满意的效果。

迎风折驶

迎风折驶指运动员在驾驶帆船遇到顶风无法驶帆行进时曲折航行迎风驶帆的技术。

抢航

在起航信号发出之前，参赛帆船的船体、装备或运动员身体的任何部分触及起航线或其延长线。抢航者必须回到起航线的后边重新起航。假如有比较多的帆船抢航，裁判员无法判定哪一条抢航帆船时，可以召回该级别参赛的全部帆船，重新组织起航。

解脱

解脱指运动员在比赛中违例而经过相应的"惩罚"后重新获得比赛权利。例如在比赛中，有运动员的船碰了标志，自行再绕标一圈，即可解脱。又如有运动员的船碰了其他帆船，自行在原地旋转720°，即可解脱，否则就要让对方增加20%的得分。

搁浅

搁浅指帆船因掌握方向不当而误入水深小于帆船吃水深度的浅滩上，或因控制不好被风吹在河床浅处或海滩边，失去了浮力，无法航行。

起航

帆船比赛分起航、航行、终点三个阶段。比赛开始前 10 分钟，裁判船在横桅杆上升起某一级别的旗，表示该级别船离起航还有 10 分钟。5 分钟后，裁判船升起"P"字旗，预告该级别的帆船离起航还有 5 分钟。以后每隔 1 分钟，按 4、3、2、1 的次序用音响信号通知参赛帆船。起航信号发出后，参赛帆船的船体、船员或装备的任何部分在通向第一浮标的航向时触及起航线，即为起航。比赛计时也随之开始。

比赛航程

帆船比赛时的实际航行路程。世界帆船锦标赛和中国帆船锦标赛都采用短距离三角绕标航程。三角绕标航程是用 3 个浮标布置成 45°—90°—45°的等腰三角形。两个浮标之间的航线长度不小于 2 ~ 2.5 海里，相当于 37 ~ 47 公里，其直线比赛航程约为 28 公里。

全航程的竞赛次序是起航后绕 1、2、3 标志，再绕 1、3 标志到达终点，缩短航程的竞赛次序是起航后绕 1、2、3 标志即到达终点。在比赛的航行细则中规定了航程和绕标的方向，所有帆船都必须按规定航行和绕标，否则就以没有完成比赛对待。

PART 8　裁判标准

召　回

个别召回

当发出起航信号时，船体、船员或装备的任何一部分处于起航线的航线一侧或必须执行 I 旗规则时，竞赛委员会将立即展示 X 旗伴随一声音响。信号要展示至所有船只完全处于起航线或延长线的航线一侧，并符合 I 旗规则。

全部召回

当发出起航信号时，竞赛委员会无法识别船只是否在起航线的一侧或起航惩罚规则是否适用或起航顺序有误时，竞赛委员会可发出全部召回的信号（展开代旗一并伴随 2 声音响）。被全部召回的级别新的起航预告信号将在代旗移开（一声音响）后一分钟发出，后面任何级别起航将按新的起航时间。

起航惩罚

绕起航标断电规则（I 旗规则）

如果 I 旗在准备信号之前与准备信号同时展示时，当船体、船员或装备的任何一部分在起航信号前的一分钟处于起航线或其延长线的航线一侧，它应在起航前绕过两端的任一端返回起航线的预备起航区一侧。

Z 旗规则

如 Z 旗升起，在起航信号发出前一分钟，船体、船员或器材的任何部分均不得处于起航线两端与第一标志形成的三角区域内。如船只违反了 Z 旗规则并被识别，该条船只将在不必审理情况下接受 20% 的记分惩罚。即使在竞赛重新起航、重新比赛或重新安排比赛时间，该船依旧受到惩罚；但如果比赛在起航信号发出前被推迟或放弃，20% 记分惩罚将免除；如果该船同样的企图在随后相同比赛的起航中被识别，那么就要接受额外的 20% 记分的处罚。

黑旗规则

如升起黑旗，船体、船员或装备的任何一部分在其起航信号前一分钟不得处于起航线两端与第一标志形成的三角区域内，如船只违反了黑旗规则并被识别，在不必审理情况下该船将被取消比赛资格。即使比赛重新起航，重新进行或重新安排比赛的时间，该船将受到同样惩罚。但在起航信号与比赛被推迟或放弃将不受这种惩罚。如在起航信号后发出全部召回或放弃竞赛的信号，竞赛委员会将在该轮比赛下一预告信号前展示该船帆号，如果此赛重新起航或进行，该船不得再参加比赛。

如果选手这样做了，被取消资格的分数将不能从总分中扣除。

其他重要规则

碰标

竞赛时，船在尾行前不允许碰触撑起航标，不许碰撞具有标示该船正在航行的航线上某段航段开始、沿界和终止作用的浮标。达到终点后也不准碰撞终点标。

当船违犯了该规则时，可通过尽量避让其他船只后，立即做个完整的包括一个迎风换舷和一个顺风换舷的旋转来接受惩罚。碰撞终点标的船应在到达终点前完全返回终点线的航线一侧接受该惩罚，但如船在竞赛或系列赛中通过碰标得到明显优势，受到的惩罚应该是退出比赛。

起航后缩短航线或放弃竞赛

1. 起航信号发出后，竞赛委员会可根据下列情况缩短航线（展示 S 旗并伴随两声音响信号）或放弃比赛（展示 N 旗或 N 旗在 H 旗或 A 旗之上并伴随 3 声音响信号）：

（1）因起航顺序有错误时；

（2）因气候恶劣；

（3）因风力不足使这轮竞赛中的任何一条船似乎不能在限定的时间内到达终点；

（4）因标志丢失或移位；

（5）因直接影响竞赛安全或公平航行的任何其他理由。

竞赛委员会也可缩短航程以保证按日程正常安排比赛。但当一条船行驶了整个航线，在所限制的时间内到达终点，竞赛委员会不应该不考虑参加比赛或系列赛的所有船只的利益而放弃竞赛。

2. 如果竞赛委员会发出了缩短航程的信号（展示 S 旗并伴随两声音响），终点线将为：

（1）在所绕的浮标旁，在浮标和展示 S 旗的旗杆之间；

（2）每一圈结束后需要越过的两条终点船之间的连线；

（3）在门标之间的门。

改变下一段航线

竞赛委员会可通过改变下一个标（或终点线）的位置来改变航线中的一段航程，这段航程必须使从帆船所绕的标志或门式标开始的，在所有帆船开始下这段航程前向它们发出信号。下一个标无需在那时已经到位。

1. 如果一段航线将改变方向，可通过展示 C 旗并伴随重复音响信号发出信号及展示：

（1）新的罗盘方位；

（2）一面三角绿色旗或板以示改变至右舷，一面长方形红色旗或板以示改变至左舷。

2. 如果一段航线长度改变，用展示 C 旗来发出信号并伴随重复音响，加"－"号表示缩短下一个航程或加"＋"号表示加长下一个航程。

3. 为保持整个航线的形状，其后航程的改变无需再发信号。

标志丢失

当一个浮标丢失或移位，如可能，竞赛委员会应：

（1）把浮标重新放在正确的位置，或用新的相似模拟浮标代替。

（2）也可以展示"M"旗的物体代替并伴随重复音响信号。

时间限制和记分

如一条船按照规则完成了航线上的行驶并在限定的时间内到达了终点，除非竞赛被放弃，否则所有冲终点船只应按到达终点的名次记分。如果没有一条船在限定的时间内到达终点，竞赛委员会应放弃该轮竞赛。

重新起航或重新竞赛

如一轮竞赛重新起航或重新进行，在原一轮竞赛中违犯了某条规则的船应允许再参加比赛并不应对其进行惩罚。但违犯 Z 旗、黑旗规则等规则例外。

PART 9 赛事组织

帆船、帆板运动组织

国际帆船联合会

国际帆船联合会是世界帆船运动的管理机构，1907 年成立于法国巴黎。国际帆联是国际奥委会认可的国际单项组织，它负责国际帆船运动的管理。

作为管理世界上各种帆船运动的国际组织，国际帆联的任务是不分种族、宗教、性别或政治信仰，开展各类帆船运动；制定、监督和解释帆船比赛的规则，处理项目间的矛盾；决定各类帆船的竞赛资格；组织奥运会帆船赛；管理各种帆船锦标赛等活动；审查、研究、调查有关帆船运动的各种问题，并作出报告，传递信息；维护协会会员的利益；组织各种比赛和活动，激发公众的兴趣，奖励运动员和其他人员，对关心帆船运动的人士和组织提供服务。

协会会员根据地理位置，分为从字母 A 至 Q 的 17 个组，分配给各组进入理事会的额存在明显的不平等，如由英国 3 个协会组成的 A 组有两名名额，由美国和加拿大两个协会组成的 P 组有 3 个名额，而非洲 9 个协会、东南亚 9 个协会组成的 Q 组和 K 组却各只有 1 个名额。

代表大会是国际帆联的最高权力机构，每4年召开一次，讨论国际帆联的有关工作。大会闭幕期间，由理事会行使代表大会的权力。理事会由联合会主席、6名副主席、30名以内的理事，及4个专门委员会代表和无表决权的司库组成。现任主席是加拿大人亨德森，秘书长是桑德赫姆。

执委会负责贯彻理事会的决定，处理日常事务。执委会由联合会主席、6名副主席和无表决权的司库组成。

国际帆联设有以下专门委员会处理各方面的专业问题：垂板龙骨船委员会、章程委员会、残疾人帆船委员会、项目委员会、财政委员会、国际级别委员会、国际规则委员会、龙骨式艇委员会、测量委员会、医务委员会、竞赛规则委员会、裁判委员会、国际仲裁分委员会、国际裁判分委员会、竞赛管理分委员会、国际测量分委员会、地区运动会委员会、检查委员会、帆船委员会、培训与发展委员会、风帆委员会、女子帆船委员会、世界帆船竞赛委员会、世界帆船竞赛委员会顾问委员会、世界帆船排名顾问委员会和青年帆船委员会。

中国帆船帆板运动协会

中国帆船帆板运动协会，简称"中帆协"。英文全名为"Chinese Yachting Association"，缩写为"CYA"。协会创建于1981年5月11日，前身为中国航海运动协会（1964年）。1983年11月24日，国际帆联正式接纳中国为成员国。

中帆协是中国奥林匹克委员会承认的全国性运动协会，同时也是具有独立法人资格的全国性群众体育组织，是全国帆船帆板运动的领导机构，是代表中国参加国际帆船组织及活动的合法组织。

中帆协总部设在北京。最高权力机构是全国委员会，秘书处负责日常工作。下设技术、裁判、科研和新闻4个专项委员会。协会职能是：推动和宣传帆船帆板运动的开展，促进运动技术水平的提高；拟订竞赛规则和规程；举办全国性竞赛和各类活动；加强国际交流，举办和参加国际竞赛；组织调查研究和科研工作等。

国际残疾人帆船协会

国际上的残疾人帆船运动起源于 20 世纪 80 年代。第一届国际残障杯帆船赛在瑞士举行。1988 年国际残障帆船委员会成立。1991 年该组织被国际帆联接纳。随后更名为国际残疾人帆船协会。这个机构的主要职责是组织残疾人帆船赛事、为残疾帆船人士提供交流信息的平台、以及推广残疾人帆船运动。

1992 年，亨利·巴隆·科洛特·德斯库里当选首任主席。1994 年国际帆联承诺支付国际残疾人帆船协会秘书长的薪资。

1996 年亚特兰大残奥会上，作为表演项目的帆船比赛获得了一致好评，这也为帆船项目进入 2000 年悉尼残奥会成为正式比赛项目打下了良好的基础。

帆船是一种生活方式，对一些残疾人来说，参与帆船运动可能是唯一的操作交通工具的途径。看到这个项目已经从欧洲广泛地传播到日本、南非、新西兰等世界的各个角落是一件很令人欣慰的事情。这也充分证明了帆船是一个世界性的即使是残疾人也能够参与的运动项目和娱乐方式。

重要的国际帆船赛事

奥运会帆船比赛

奥运会帆船比赛是最高级别的帆船赛事，从第一届奥运会开始就设立了帆船项目。由于客观原因，第一届和第三届的奥运会帆船比赛未能举行，奥运会帆船比赛是从第二届巴黎奥运会正式开始的。

早先的帆船比赛通常都是按照参赛船的重量来分级，那时的参赛船只体形都比较大。从 1908 年伦敦奥运会开始，帆船比赛按照长度来划分级别。伦敦奥运会上设立了 6 米、7 米、8 米和 12 米 4 个级别的比赛。

第二次世界大战后，奥运会的参赛船型慢慢向小型化、标准化发展。今天。国际帆联认可的帆船级别已经达到了 100 多种，每个级别都有各自独立的设计，完整的丈量标准。目前，奥运会设立了 8 个级别，男女共 10 个项目（自 2012 年伦敦奥运会开始）。

奥运会级别帆船的世界锦标赛

每个级别协会每年都会组织自己的世界锦标赛，像奥运会一样每届由不同的城市申办。单项世锦赛的单项规模要比奥运会大很多，它通常没有资格赛，每个国家的报名人数也不像奥运会一样严格限制。另外，按照年龄、性别划分，每个级别可能会有多个项目进行比赛。

国际帆联世界锦标赛

国际帆联世界锦标赛是国际帆联设立时间不长的一项综合性帆船赛事，每 4 年 1 次，时间是奥运会的前一年。2003 年在西班牙的加迪斯举行了首届国际帆联世界锦标赛。这项赛事的项目与来年的奥运会完全相同，并且也是奥运会的资格赛之一。国际帆联世界锦标赛实际上也是单项世锦赛的集中，但参赛资格要相对严格。

世界青年帆船锦标赛

世界青年帆船锦标赛是国际帆联为青少年帆船运动员举行的世界锦标赛。该赛事每年举行一次，它集中全世界最优秀的青年选手。青年锦标赛是未来世界冠军、奥运冠军的摇篮。

欧洲三大赛

每年春季和夏季，欧洲各国会举行不计其数的综合性帆船邀请赛。这种赛事通常举行 1 周时间，在时间上前后交替。每年都会吸引世界各地的运动员来欧洲训练比赛。主要有法国伊尔的奥林匹克周、荷兰的 SPA 奥林匹克周和德国基尔的奥林匹克周。这些赛事通常与当地的大型帆船节和航海节相结合。

美洲杯帆船赛

这项赛事始创于 1870 年，每 4 年举办一届，是世界上最富盛名的大帆船赛事。该项赛事是名副其实的贵族运动，仅制造参赛船只便需花费上千万乃至数千万美元，从某种意义上说，这项赛事已成为一种经济实力、科技水平的展示。

美洲杯帆船赛现场

沃尔沃环球帆船赛

沃尔沃环球帆船赛是世界上一项重大的航海赛事。观看沃尔沃环球帆船赛的观众累计人数超过 8 亿人次，在国际赛事中名列前茅。

Clipper 环球帆船赛

Clipper 环球帆船赛已成为世界上最著名的环球航海赛事之一。Clipper 环球帆船赛于 1996 年由英国人罗宾·诺克斯·约翰斯顿爵士创立，航程长达 3.5 万海里。

悉尼 – 霍巴特帆船赛

悉尼 – 霍巴特帆船赛始创于 1945 年的世界著名的远洋帆船赛事，每年在澳大利亚举行一次。起点为悉尼湾，终点为澳洲第二古城霍巴特，全程 640 海里，最快不到 3 天就可以到达，最长需 7 ~ 8 天才能到达。

"一吨级杯"帆船赛

"一吨级杯"帆船赛是一项重要的深海国际帆船赛。1907 年，法国巴黎帆船俱乐部设立"一吨级帆船杯"，授予排水量在一顿左右的帆船国际比赛的优胜者。从 1907 年到 1955 年，这一奖杯均授予长约 6.1 米的一吨级帆船。以后由于这一级别的帆船逐渐被淘汰，1965 年法国巴黎帆船协会将"一吨级杯"奖给 6.7 米级的帆船。

帆船比赛的定级是根据英国皇家海洋竞赛俱乐部规定的测量方法。在 1965 年以前，比赛要求完成 3 个赛程。第一赛程和第三赛程是 48 公里长的封闭式航道绕际赛，而第二赛程是 480 公里的长距离比赛。长距离比赛加倍计分，每个国家允许 3 条船参加。1968 年起改为 5 个赛程，长距离比赛夹在 4 天中间。到 1971 年，根据国际帆联的竞赛规则，又允许 8.4 米级的帆船参赛。

最早获得一吨级杯冠军的是丹麦的汉斯·奥尔布雷克设计的"蒂纳号"，战胜了来自 9 个国家的 24 条帆船。1967 年在法国勒阿弗尔比赛，德国人卡特设计的"乐观者"号在 21 条帆船中取胜。1968 年在德国黑尔戈兰岛比赛，"乐观者"号再次获得一吨级奖杯。

百慕大帆船赛

百慕大帆船赛是帆船史上著名的比赛之一。百慕大是北大西洋西侧的岛群，附近的海域常有风暴，至今仍有百慕大三角危险区之说，被称为群魔之岛。1906 年美国人托马斯·弗莱明·戴设计制造了一条小型帆船，表演了安全渡海到百慕大的远航。

从此，兴起了从纽约到百慕大的越海比赛。第一次比赛共有 3 条帆船，赛程是从美国的罗德岛新港到百慕大，航程约 1020 公里，胜利者是一条 38 英尺（约合 11.58 米）的"塔慕伦"号小型帆船。

此后，较大型的帆船也驶向百慕大。5 年后，这一比赛中断。1922 年，一批大型帆船运动员组织了"美国大帆船俱乐部"。他们认为越海比赛有助于帆船运动和帆船运动员的发展，决定恢复百慕大比赛。

1923 年，间断 13 年之久的越海比赛，重新组织起百慕大帆船赛。这次比赛共有 22 条大帆船参加。赛程是从英国的纽波特到百慕大，约 1222 公里。1932 年起，起点又转移到蒙塔哥，距离为 1114 公里。到 1966 年，百慕大帆船赛的参赛船只已达 167 条，不过其中有 11 条帆船未能到达终点。1924 年以后百慕大帆船赛改为每 2 年举行一次。自 1906 年以来，这一比赛已举行过近 40 次。

"法斯特耐特"帆船赛

"法斯特耐特"帆船赛是英国著名的帆船赛之一。人们将它们并称为"北半球最艰辛的国际远洋比赛"。1925 年，英国皇家帆船俱乐部设立了法斯特耐特杯，时至今日，它已成为世界著名帆船比赛之一。从英国考斯城出发，绕过锡利群岛和爱尔兰南部，最后回到普利茅斯，全程 970 公里。1925～1931 年为每年一次，1931 年以后改为每两年举办一次。

"法斯特耐特"帆船赛冠军庆祝胜利

"海军上将杯"帆船赛

"海军上将杯"是国际帆船比赛之一。1957 年英国皇家海洋帆船俱乐部建立了"海军上将杯"帆船比赛，用以奖励每两年一次的国际帆船比赛中的优胜者。"海军上将杯"帆船赛包括两场短程赛和两场越海赛，总航程约为 1450 公里，其中以法斯特耐特海洋赛最为激烈。参赛帆船规定水线长 7.62～21.3 米。每个国家三条帆船参赛。英国在第一届夺得此杯，此后荷兰、美国等相继获得过优胜。

单人横渡大西洋帆船赛

单人横渡大西洋帆船赛是帆船越海赛中的重要比赛，从英国普利茅斯出发，终点定于美国纽波特。从 1960 年起，每四年举行一届比赛：比赛最初如悉尼—霍巴特帆船赛那样，是少数帆船爱好者对海洋的挑战，如今已成为安排有序的国际大赛。

帆迪环球大赛

帆迪环球大赛每四年举行一次。起点和终点都定在法国西北部的沙波多隆。赛事对选手而言异常严酷，每名参赛选手都要独自在海上漂泊 80～90 天，每天只睡四五个小时，面临着生理极限的突破。正因为如此，帆迪帆船赛素来被誉为人类史上最严酷的体育运动赛事，任何其他的比赛都无法和帆迪的戏剧性和危险性相比拟。

"泰王杯"帆船赛

"泰王杯"帆船赛开始于 1987 年 12 月 5 日，当初是为了纪念泰国国王的 60 岁诞辰而举行，至今已有 25 年的历史，是亚洲最大、最受欢迎的赛舟比赛。不仅仅是赛舟，这个持续一周的赛舟会还包括一些大型聚会、帆船比赛和其他娱乐活动。由于普吉岛迷人的风光和优美的海岛线，每年的赛事都会吸引来自亚洲各国的 100 多艘帆船一比高低。

因为由国王赞助，赛舟会由专门的组织委员会组织，并由皇家俱乐部、泰国游艇协会、泰国皇家海军和普吉省共同支持赞助。

克利伯环球帆船赛

自 1996 年由罗宾·诺克斯·约翰斯顿爵士创立以来，航程长达 3.5 万海里的克利伯环球帆船赛已经成为世界上最著名的环球航海赛事之一。迄今为止，这项跨年度赛事已经成功举办多届。

该赛事的创办由英国人罗宾·诺克斯·约翰斯顿在 1995 年提出，初衷是想让更多的人参与到环球航海冒险活动中来。罗宾·诺克斯·约翰斯顿曾于 1968 年 6 月从英国康沃尔郡南岸的海港出

参加克利伯环球帆船赛的船只

发，驾驶大帆船历经 312 个日夜独自环球航行，成为世界上独自不间断环球航行的第一人。在完成壮举后，他被英国伊丽莎白女王授予了爵士称号。

受到普通人凭借专业装备也能登上珠峰的启发，罗宾认为，在发达的科技水平和专业的设备条件下，更多的人可以参与环球航行这一活

动。这个想法在当时受到了众多航海家和航海爱好者的支持，并最终被命名为"克利伯"赛事，取其"快帆船"之意。

在进行了艰巨复杂的赛前准备，包括实际比赛路线、船员招募、船只选择、成立公司、谋求财政赞助等等工作之后，这一赛事在 1996 年首次举办，有 8 艘大帆船参加了首次比赛。

赛事的组织与实施

赛前规划与筹备

竞赛管理机构与职责

通常赛事承办方要专门成立组委会来负责赛事的各项筹办工作。单就竞赛管理与组织来说，通常下设三个重要的专业机构，也称委员会。它们是竞赛委员会、仲裁委员会和丈量委员会。

1. 竞赛委员会

竞赛委员会主要由总竞赛官、国际组织或国家管理机构派出的航线代表、竞赛官、副竞赛官、各个水上岗位主管及成绩主管等组成。竞赛委员会主要负责竞赛的组织、管理与实施。

2. 仲裁委员会

仲裁委员会一般包括仲裁主任、副主任和仲裁委员。仲裁委员会主要负责处理竞赛过程中出现的犯规和争端，包括对运动员的直接判罚，对抗议与补偿要求的审理和裁决；负责监督竞赛的公平与公正；在得到组委会授权的情况下，指导与协助竞赛委员会及丈量委员会进行工作。

3. 丈量委员会

丈量委员会一般包括丈量主任、级别丈量员和丈量员助理。丈量委员会主要负责审核与测量参赛帆船及器材是否符合相关级别的规定。

计划和文件

无论什么规模的帆船竞赛都应该事先做好各种计划，编写各种竞赛文件，如竞赛规程、航行细则、教练艇规定以及运动队须知等等。

当然，俱乐部或地方举行的小型帆船赛的计划和文件可不必那么全面复杂，以能使比赛安全顺利的完成而不出问题为基本原则。

比赛形式

1. 团队比赛

两支队伍参加，每队有多条船只，以团体赛或对抗赛的形式进行。使用特殊规则，每队各船成绩总和为该队比赛成绩。

2. 团体赛

在小帆船和多体船比赛中最通常最经典的比赛方式。（通常同一个级别的）多条船只进行一轮或多轮比赛，每一轮同时出发，走同一航线，记分原则是：一条船冲线时排名位置越好，其总成绩越好。

3. 差点赛

不同类型的船只（级别、设计等），特别是远离海岸的比赛，同一航线举行一轮或多轮比赛。各船每一轮比赛可以或不在同一时间出发，计分要考虑到船的结构、帆的规格（例如 IMS 国际丈量系统）以及从发出出发信号开始到完成赛程所需的时间。

4. 对抗赛

对抗赛仅是在级别/设计相同的两只船只之间进行的短程赛。所有运动员都要同其他每一个人进行循环比赛，或仅同另外的一些运动员进行淘汰赛。记分基于在比赛中获胜的次数。比赛中使用特殊规则在水上直接进行评判和处罚。

5. 分组航行

对于一些主要赛事（像 470 级、激光级），因为参加人员较多，竞赛组织者可以选择"分组航行"的办法。一般分成多组（如 6 组），每组之间进行团体赛。运动员按照他们近来成绩、排名或抽签作为种子选手分到各组中。也许要考虑地区方面的因素。（通常在每个竞赛日后）选手完全按照预定的数量重新分组。决赛依据前几轮全部成绩，包括弃权或没弃权轮次决出金、银、铜牌。

竞赛实施

报到注册

报到注册是指参赛者与赛事组委会之间达成一种协议或者说一种"登记"的程序。运动员还要出具相应的注册证明和有效保险证明，以及组委会要求提供的其他文件资料等。此外还要签署或自动认可相应的免责声明等。

丈量

具体要求可能从最简单的检查以前的丈量证明或者注册文件。到最复杂的一系列的现场检查和丈量。其目的是确保同级别赛事的公平性，保证参赛者不会通过器材差异或者器材改进，有意或者无意地违反级别规则而获取优势。

在适当的情况下，竞赛规程及航行细则应当详细说明丈量信息或者检查的程序。通常丈量工作应该在第一个比赛前完成；但是在特定情况下，也可以在竞赛结束前依据竞赛委员会的要求提交丈量凭证。

会议

1. 教练员或领队会议

会议一般在练习赛日或者比赛日的早上举行，由竞赛主任或总竞赛官主持。会议通常分两大部分，即气象通报与技术沟通部分。技术沟通部分主要内容包括当日竞赛与相关保障工作安排、安全事项、主办方的特殊规定等。同时听取各运动队对相关规定及竞赛组织提出的书面和口头意见，并给予解释解答。

2. 竞赛工作会议

每天将由各个工作层面及领域的负责人召集各类竞赛工作会议，回顾前期工作，确认当天任务，布置应急预案，解答疑问等，确保赛事的顺利进行。

确定航线、布标

根据比赛航行细则中规定的航线适时布设浮标、起航线、终点线及必要的限制标志等等。

比赛过程

发出预告信号标示着比赛程序的开始，即打开起航线前 5 分钟。从这时开始，在总竞赛官的指挥下，水上工作人员、裁判员都会按各个时间点做着他们自己应做的竞赛组织工作。运动员则按竞赛规则及规定完成起航、行驶航线、到达终点等一系列竞赛过程，直到一轮比赛全部结束。比赛依据的是国际帆联颁布的"帆船竞赛规则"（RRS）进行。

裁判岗位及职责

总裁判长

如果有多个场地同时进行竞赛，总裁判长要联络每个场地上的裁判长，负责所有水上竞赛的管理（如果仅有一个场地，只有一个裁判长就行，不需要总裁判长）。总裁判长统管所有竞赛场地，对所有行为作出最终决定，像天气情况是否符合比赛条件等。所以，总裁判长是一个非常有经验的、公认的、和组委会主席联系紧密的裁判长。

裁判长

理想情况下，裁判长是个水上管理者，能让他的团队在工作时专心致志，不受任何干扰，尽管他自己要做出有关抢航船只、航线更改等决定。如果合适的话，他还可通过无线通讯和相近的另外场地的裁判长或总裁判长联络，裁判长和助理裁判长用录音机录下竞赛过程以便作为后来的参考资料，录音机要在所有起航、召回和冲终点程序中开着。

作为竞赛航线的负责人，在抗议审理中，裁判长代表竞赛委员会，即使他通常愿意指派一个代表。在高规格的帆船竞赛中，国际裁判长的任命需要持有国家裁判证或是符合国际帆联标准的国际裁判长。

比赛前，裁判长要对他的竞赛委员会召开工作短会，确定所有工作任务被涵盖以及确认所有必需设备的到位和运转正常。他指定一位助理裁判长，在起航线的一头的左侧船上工作，通过无线电传呼来帮助裁判长辨别判罚抢航船只。

记录员

记录员负责水上的文件工作。一个有能力的记录员不仅能够记录整个起航过程中的运动员情况，而且还能记录从裁判长传达到其他一些官员的信息，包括风向、布标方位、运动员犯规、抗议旗及720度或360度处罚，所有记录都应有相应时间。他还要负责记录被裁判长或是他指定的代表判定的抢航船只。

信号裁判长

信号裁判长要确保所有视觉信号及展示信号的器材（如旗子、升降杆等）符合要求、到位，并且运行良好，还要负责人员准确了解工作要求。信号裁判长负责确保在航行细则中描述起航程序，在恰当的时间，通过正确的旗子和旗的升降状态告诉运动员能否起航，信号裁判长要随时与计时员和裁判长的命令保持一致。

发令员

发令员和计时员要相互配合，负责所有伴随视觉信号的音响信号。他还要帮着在起航线上监视抢航船只的召回。

计时员

这是个重要岗位，大多数不成功的起航都是由于计时员注意力不集中。此岗位需要计时员全神贯注和嗓音洪亮。一次成功的起航，需要计时员精确的倒计时，倒计时的长度要根据人员的多少、赛场的困难条件和队伍的经验进行声音长短的变化。

倒计时的数法是："1分钟预告信号，30秒预告信号，15秒，10，9，8，7，6，5，4，3，2，1，出发!"如果工作人员能够胜任并足够自信，发令员和计时员的工作可以合并在一起完成。

布标人员

布标人员需要根据裁判长通过时间、距离和罗盘方位设定的方向来确定航线。航线的变化也能够借助于风向标比较容易地计算出来。对于极短的新航线，特别是航线上有一个以上级别的比赛时，裁判长没有时间给布标人员提供和计算方位以及距离的数据，而且有可能在赛事进行到下一个级别使用航线之前的第一时间里，要求马上改变航线。

此时，当裁判长发出指令，布标人员立刻移标到准确的位置上，而不是去等待指示和参考数据后完成。

最理想的情况是：布标人员应具有充足的信息、航海技能和必须的设备（航线说明、罗盘、场地图、卫星定位系统等），他应从起点船上独立地获取详细的指令，从而独立地操作。布标人员之间的联系、布标人员的视野和判断都将比以前扮演更重要的角色，并且布标人员对比赛的成功具有决定性的影响。

丈量员

重要赛事的组委会权威机构需要任命一个丈量委员会或一名丈量员来丈量船只，这既是标准丈量程序中的一个部分，也是预防因丈量而起争端的一个手段。涉及丈量问题时，抗议委员会把丈量委员会或丈量员作为有资格的权威。

国家权威机构的丈量裁判长是所属级别丈量委员会的成员。在国际级别锦标赛中，国际帆联级别丈量员通常负责丈量的程序。竞赛委员会的丈量员应直接向竞赛委员会报告。丈量裁判长需要配备充足的、有能力的工作人员来处理丈量事宜。

丈量员或丈量裁判长的职责包括检查船只（帆要放在黑色镶边内、压块的分布、衣服的重量等），通常是在比赛结束后立即检查，赛前需要丈量的内容包括样品、设计和构造、合适的配件、帆的测量和重量。卡具是重要的工具。由丈量员进行的赛后丈量检查内容包括检查救生设备、其他安全设备和湿衣服的重量。

其他机构和人员

一、成绩和信息部门

这是重要的基础服务。根据竞赛类型、级别多少和比赛区域，应为每个级别或赛区设立一个专门的区域。

比赛开始前，这个团队应记录所有报名和注册部门收集的数据信息，在此基础上制定注册清单、运动员个人记录卡、其他信息等。

丈量后，所有信息需立即传给成绩和信息组。运动员一般都愿意得知关于平均重量、长度和设备的统计数据。

每轮比赛结束后，此团队负责制定所有比赛成绩相关的文件，可以在仲裁秘书的协助下进行。包括，在公告栏内（或网站）尽早公布临时和最终成绩；记录并公布抗议截止时间；接收抗议并与仲裁联络；公布抗议审理时间；公布抗议审理结果并将任何的更改通知记分员。最后一轮比赛结束后，本团队提交的最终报告应包括所有官员、运动员和工作人员的数据。

二、场地主任

场地主任的责任重大，他和他的团队的贡献对于取得比赛成功至关重要，他是岸上的主要官员之一。

赛前，场地主任应当了解参赛龙骨船的大致数量和这些船的停泊地，所需的橡皮艇泊位，裁判船、巡逻艇、教练艇等所需要的泊位空间。场地主任要保证船只有序、有组织的发出，在合理的范围内提供帮助，船只返航，保证任何已分配的空间得以充分利用，提供修理和放置器材、设备的建议及帮助，甚至需要自己拥有一些工具，并且乐意去制造一些工具或设备用于维修。

场地主任还要做一些重要的安全检查。例如，注意哪些人已下水，哪些人没有下水。同样地，他还要注意沙滩上的艇车和船架是否仍然空着，哪些人仍然在返航。他与裁判长之间的对讲机联系是极有帮助的。

三、安全委员会

竞赛组委会应当任命一名有能力的负责安全的官员，由他来负责安全和救援工作。他必须熟悉竞赛场地，熟悉竞赛级别的特点，熟悉当地政府和竞赛规则。

1. 安全官员

安全官员必须熟悉正在进行的比赛的安全规则，包括国家权威机构的安全要求、级别规则和航行细则，并与海监、边防和渔政等部门密切沟通。

2. 工作人员和设备

在同时有几个比赛场地时，岸上的基地可以帮助协调巡逻艇、巡逻人员、物资供应和协助救援。

（1）全体船员：每艘巡逻艇上应当有两名船员，每个船员最好是20 岁以上、善于游泳、具有一定的安全知识和救援手段、具有操作帆船的经验的青年男子。

（2）巡逻艇的数量：这取决于竞赛的水平、参赛者的年龄和人数等。

（3）船只：巡逻艇必须使可充气的或者是半刚性的，全长超过 4 米，有一个大功率的发动机（一般 20～25 马力）以便能同时拖动几艘帆船。

（4）母船：母船应停在下风标处，巡逻艇应将被救护的船只和参赛队员带到母船上，这样也避免巡逻艇再向岸边移动。如果安全官员不在巡逻艇上，那他就应当在母船上，母船上也应当有医生和足够的急救人员。

3. 巡逻计划

（1）起航前：当比赛用船开始驶向水道时，巡逻艇应分成 3 个小组，每个小组应有 1/3 的艇跟着比赛船队驶向下风标处（比赛的路线有时不同，但在每个比赛线路上都应当有巡逻艇），护送船只到达比赛区域后，巡逻艇应离开比赛航道到下风标处或到起航线处，假如有安全官员在艇上，它应当停在母船旁或者是在安全官员船只旁。

（2）比赛中：比赛开始后，至少有两个巡逻艇分别行驶在比赛线路两侧，第三条艇跟在最后几条比赛船只中间的后面。所有的巡逻艇都应当低速行驶，通常应跟在倒数第三条比赛船只后边。行驶应视比赛的线路来定。然而，不管是什么类型的比赛，巡逻艇上的船员都应当完全遵守安全官员在下水前的简洁命令。巡逻计划都必须确保在比赛期间所有的线路至少有一艘巡逻艇。

（3）比赛结束后：所有级别的比赛结束后，巡逻艇应沿着下海时的路线驶回岸边，或者驶向起航区等待下一轮比赛。母船应当是最后一条从比赛区域返回的船只。

（4）船只管理委员会

一场成功的帆船比赛需要有许多确保可以使用的、足够的船，此外还应该对当地船只和船主有所了解。假如在重大的帆船比赛中，当船主没有遵守约定的时间和地点时，委员会要有备用的船只使用。对船只的选择和控制是整个帆船比赛的一部分。

船只委员会的任务之一是在已经得到了足够的船只之后，对每艘船只在整个比赛期间的具体任务进行安排。

（5）社会委员会

社会委员会负责起草社交活动计划并准备方案；制定活动方案的实施计划；就活动方案内容与其他部门进行协调；召集相关的工作人员；发布活动方案的行动规划；实施方案。最后，与当地的专业庆典公司和广告公司进行联系，洽谈合作事宜。

（6）新闻和宣传委员会

新闻和宣传委员会负责向社会通报比赛中发生的一切重大事件，如比赛结果等。好的宣传可以促进帆船运动的发展。

PART 10 礼仪规范

运动员参赛礼仪

运动员精神，是运动场上最重要的概念，无论胜利还是失败，都要保持良好的风度，不要抱怨自己或者别人的表现，尤其是队友，切记"友谊第一，比赛第二"。要遵守各项比赛的规则以及比赛礼仪并且热情地与同场竞技的其他人打招呼。

尊重大海和他人

帆船运动具有较高的观赏性和娱乐性，因而备受人们喜爱。经常从事帆船运动，能增强体质，锻炼意志，特别是在风云莫测，海浪、气象、水文条件的不断变化中，迎风斗浪，能培养战胜自然、挑战自我的拼搏精神。

但是，大海不只属于航海运动员，也属于那些喜欢驾驶游艇、钓鱼、游泳、冲浪运动以及靠船舶运输和捕鱼为生的人，所以彼此之间

天、人、帆、海合一

的尊重和体谅对帆船运动员来说是非常重要的。这种态度对所有优秀船员都是一个基本的要求。运动员在驾驶帆船的过程中一定要使帆船处于完全受控制状态；发现需要帮助的船只一定去援助；注意观察游泳和潜水区，远离渔网，远离商业航线；通常来说，帆船比动力艇具有优先航行权，但是出于礼貌和安全的考虑，在拥挤的港口帆船应该避让体积和功率都大的动力艇。

保持良好心态

比赛会分出胜负，但是不要把对手当作敌人。对手胜利，要真心道贺。自己胜利，对手道贺时应该答谢。

遵守裁判规则

遵守裁判的执法，对裁判的异议提出合理的质疑，不得做无礼的表示。正式比赛的裁判均经过严格筛选，所有参赛者与观众均应尊重赛程与规则，不应在赛场内争执。比赛结束后主动与裁判握手表示感谢。

严守参赛规则

比赛时不得以小动作干扰对方，更不可以以陷害的方式暗算对手，更不得与人发生争吵甚至打架的行为。没有比赛的运动员不得进入比赛场地。

运动员按照统一的规则进行比赛

队友相互支持

在团体赛和接力赛中，队友间应该相互支持，相互团结，切忌跋扈或者耍大牌。遇有争执切忌动粗互殴，应该礼让尊重有经验的长者。比赛的成功或失败都是集体的荣誉,团体的利益高于自己。

服从教练指挥

比赛时球员应服从教练的指导,资深的明星运动员不可倚仗自己的能力而藐视教练。对于运动场上的管理制度,所有运动员都要以理性的态度与教练组沟通。对教练的质疑应通过正规渠道向上级反映。

正确接受外界援助

在比赛中,技术代表和裁判长的许可下赛事工作人员和技术官员可以向运动员提供援助,但是仅限于提供饮品、营养品、器械和医疗服务。

不使用兴奋剂

运动员应遵守国际帆联关于反兴奋剂的规则和规定。所有运动员都有义务熟悉国际帆联关于反兴奋剂的规则和规定,包括医学和兴奋剂检测、接受检测的义务、权利、责任和检测程序、处罚、申诉程序以及违禁物质清单。

运动员参赛注意事项

帆船比赛在海上进行,而海上情况比较复杂,因此,运动员必须会游泳,并能游较长的距离。此外,运动员要有良好的身体素质,以适应长时间海上风浪的考验。

国际帆船比赛,经常在强风中进行,风速10~15米/秒,既要保持航向和把握航速,又要避免翻船,这就需要运动员尽力去控制帆和船,保持船的平衡。同时又要以清醒的头脑去掌握周围的环境，水的流速、流向和气流变化。

在参赛船只较多的情况下，运动员必须熟悉竞赛规则，避免犯规。此外，运动员还必须懂得检查、整理船上的装备，尤其是调整帆具，以获得最大的动力。

如何欣赏帆船、帆板竞赛

体育欣赏的特征为体育欣赏的无功利性、直觉性、创造性、愉悦性、趣味性。体育欣赏的过程是应目、会心、畅神、回味四个过程，人们无论是在观赏一场紧张激烈的体育比赛或欣赏一段优雅动人的体育表演，要使自己以喜悦的心情领会其中，达到陶冶情操的目的，获得美的享受，除应了解体育比赛竞赛规程外，还应了解体育的特点和竞赛项目的一些基本知识，这对能否达到欣赏目的至关重要。

了解比赛的特点

竞争性

包括帆船、帆板比赛在内的体育比赛之所以吸引人，与其他表演最大的区别在于它的竞争性，最终要以输赢定胜负。攻防转换，胜负交替，加之许多项目比赛的对抗性，使竞争达到白热化，气氛格外激烈。

技艺性

任何体育项目都由一定技术和艺术构成，并有统一的规范，帆船、帆板运动也不例外。运动员高超的技艺，是观赏的核心所在。并且，相同的技术由不同的运动员完成，在观赏中可进行比较，欣赏的价值也往往体现于此。

规范性

帆船、帆板项目每一个级别的比赛都采用统一的规则，严格的制度，可以客观地反映参赛水平，并给运动员提供公平竞争的机会，体现了体育的精神。

多样性

帆船、帆板比赛项目丰富多彩，或动、或静，或激烈、或典雅，可谓雅俗共赏。

变化性

帆船、帆板比赛虽有规范的技术和统一的规则，但在比赛中，运动员可在规定的范围内进行创造与编排，充分发挥自身水平，还需要根据场上变化灵活运用，使比赛千变万化，迭彩纷呈，扣人心弦。

了解竞赛规则

竞赛规则是规范比赛的规则，观赏任何比赛，了解规则是起码的要求，否则就真的成了"外行看热闹"了，无法公正评价比赛而导致兴趣索然。

了解技术、战术

所有的体育项目都是由一定的技术动作组成的，比赛的精彩与否，很大程度上取决于运动员对技术的掌握程度。而战术则是采取合理的行动，充分发挥己方优势，限制对方特长，以求取胜的竞争艺术，尤其是帆船、帆板项目，高超的技术，灵活的战术，给人以天衣无缝、出神入化的感觉。所以，了解基本技、战术，就可以不仅"看热闹"，还能"看门道"了。

观众的欣赏内容

在欣赏时所得到的满足感，主要来自被欣赏对象给予我们的美感。

在帆船、帆板运动欣赏中，主要有哪些美的地方呢？

身体美

帆船、帆板运动是需要全身参与才能完成，运动员健美的身躯、优美的姿态常常能吸引人们羡慕的眼光。正如法国著名雕塑艺术大师罗丹所说："自然界中没有任何东西比人体更美。"体育运动使人体美得到淋漓尽致的展现，这种自然的美具有无穷的魅力。

技术美

帆船、帆板运动技术是科学的结晶，也是取胜的关键，更是该项运动的精华所在。优秀的帆船、帆板运动员在场上得心应手连连夺冠，让全世界的人为之倾倒，并使人回味无穷。

运动员娴熟的技术给人带来美的享受

精神美

面对强手，敢于拼搏，敢于斗争，对自己永不满足，不断超越自己，向人类的极限挑战，运动员之间相互协助，公平竞争，这些运动场上所展现的精神已不仅仅属于体育，同样也是我们在学习、工作、生活中应具备的。

当我们看到运动员奋力拼搏、夺取胜利的一刻，升国旗，奏国歌，其意义又何止一块金牌、一个奖杯。

欣赏帆船、 帆板运动的意义

随着社会的进步和新闻传播媒介的迅速发展，同亲身参与体育活动一样，一种被称之为信息消费型的体育——观赏体育，也日益成为人们生活中的重要组成部分。特别在职业体育发达的国家中，体育的观赏不但丰富了人们的生活，而且对体育的了解和爱好还成为一个人接受教育水平的标志，并为扩大交际甚至商业活动打开通道。

观赏体育可分为直接观赏和间接观赏。直接观赏指去体育场馆观看比赛，而间接观赏则指通过电视直播观看体育比赛。

至于人为什么要观赏体育，观赏体育和亲身的体育实践之间有何内在联系，这是体育学家、心理学家和社会学家们正在研究的问题。有人认为，观赏体育在于期望把个人的想象、道德观念通过体育具体化，或者说是以运动员为自己的代理人来满足自己精神上的某种欲求。

人们在观赏体育时的情绪有如下特点：

第一，当对比赛结果有明显的倾向性和强烈的期待感时，观赏时情绪高涨。如中国女排在奥运会参与决赛就远比其他两个国家之间的比赛吸引人。

第二，当比赛结果有很强的不定性时就会情绪高涨。

第三，当观赏者对所观赏的项目有一定了解和爱好时，就会情绪高涨并能从中获得更大的启示。俗话说"内行看门道，外行看热闹"就是这个道理。

第四，比赛的场地、气氛、色彩、周围人的情绪，也会感染观赏者的情绪。观赏体育虽说是一种娱乐活动，但也需要观赏者有正确的态度、文明的举止和对体育的基本知识。如果一味地放纵自己的情绪，也会出现观赏体育中的糟粕，如歇斯底里、暴力和狭隘的民族主义或地区主义思潮等。

美化生活、陶冶情操

当代人把观赏运动竞赛作为社会文化生活中一个很重要的内容。运动竞赛的魅力已达到了迷人的程度，吸引着亿万人去关心它、观赏它。譬如在德国，教会的社会地位非同一般，可是，如今教会不得不向全国足联提出抗议，因为大批教民在节假日不去教堂顶礼膜拜，而是兴高采烈地涌向足球场去观赏足球比赛，干扰了教会的正常活动。

为什么会出现这种现象呢？因为在现实生活中，人们追求的是完美的、高节奏的生活，而运动竞赛，恰恰适应和迎合了现代人生活的要求和愿望。在运动竞赛中，可以呈现出完整的人体美和各种美的形式，以满足人们对美的追求；通过速度、力量和激烈的竞争，使现代人的心理得以宣泄。

通过运动竞赛，观众不仅可以观赏到运动员健康、强壮、匀称、优美的体魄，而且可以观赏到运动员所展现出来的动作造型是那样利落、新颖、洒脱，给人以愉悦的美的享受。特别是在紧张激烈的球类竞赛中，一些著名运动员所表现出的高超绝技，更使人心旷神怡。奇迹般的技术动作，会使观众惊奇万分，产生百看不厌的浓厚兴趣。

振奋民族精神

观赏运动竞赛，可以强化集体观念，激发爱国热情，振奋民族精神。任何一项运动竞赛都是通过个人或集体，发挥其体格、体能、智慧等方面的潜力而进行的角逐。各式各样的运动竞赛，其参赛者都具有一定的社会群体的代表性。

他们在赛场上，一要实现自我的价值，二要为所代表的群体争取荣誉。观赏者往往与运动员有着千丝万缕的社会关系，不是同一学校或单位，就是同一地区、民族或国家，因此，运动竞赛的成败、胜负荣辱都与观赏者有着息息相关的联系。

在一些重大的国际赛事上，我们常常看到，要是参赛队与本民族、本国的关系密切，其竞赛级别越高，场次越关键，观众的心理越受胜负的牵制，情感就越发激昂。特别是当本民族或本国运动员获胜，升国旗，奏国歌时，观众会同运动员一样情不自禁地热泪盈眶，激动不已，把本国运动员的胜利视为是自己民族和国家的莫大荣耀，从而产生强烈的民族自豪感。

启迪和激励体育意识

体育意识是人们对于体育这一社会现象及其功能、作用的认识和反映。运动竞赛能启迪和激励人们获得健康、诚实、创新、拼搏、道德、法制和竞争等体育意识。

健康意识

举办运动竞赛的一个主要目的是提高大众对体育运动的认识，激励大众积极参加体育活动，以提高全民族的体质和身体健康水平。有相当一部分人过去并不注意锻炼身体，但通过观赏自己喜爱的运动项目的比赛或表演，从而产生对体育活动的兴趣，积极参加体育锻炼。

诚实意识

运动员要想在比赛中获胜，只有靠自身的高超技术、战术和良好的运动能力，有"货真价实"的真本领，来不得半点虚假，所以有"赛场上开不了后门"、"横杆面前人人平等"的说法。

当一个运动员通过刻苦训练获得了冠军时，人们就会承认他，绝不会因为人际关系而影响他的冠军地位。这种真实的体育意识，对于每个人的健康成长是很重要的，尤其是对学生来说，在攀登科学的道路上，更需要这种精神。

创新意识

一个运动员或者运动队要在赛场上战胜对手，除了要靠真正的硬功夫外，还要根据自身的特点，不断地改进和创造新技术、新战术。创新意识，可以促进一切事业不断向前发展。

拼搏意识

赛场上运动员表现出高超的技艺、灵活多变的战术和充沛的体力，都是运动员经受了巨大运动量训练，战胜了身体上和精神上的疲劳而努力拼搏的结果。

运动员在比赛中奋力拼搏

道德意识

一般是指社会生活中处理人与人、个人与集体以及社会中各种关系的规范和准则。在赛场上，胜不骄，败不馁，互相尊重，团结协作，文明礼貌，守纪律，光明正大等良好的道德规范，将成为观众学习的榜样，从而影响整个社会的风气。

法制意识

任何运动项目的比赛，要求运动员严格遵守竞赛规程和比赛规则，服从裁判员的裁决，否则就要受到应有的惩罚。法制意识，有利于社会安定，是事业发展的有力保证。

竞争意识

运动竞赛具有强烈的竞争性。双方对垒，毫不含糊，胜负立见分晓。所以有人把运动竞赛看成是随"人类文化的进步而发展起来的一种特殊的、礼仪化的战争"。用"战争"来比喻运动竞赛虽然是不确切的，但它说明了赛场上角逐的特点。这种竞争意识对于当今社会中每一个人来说，都是一种必备的素质。

现场观赛礼仪

　　帆船比赛受项目特点所限，比赛场地一般离岸较远，所以观众在岸上很难看到比赛中的细节；即使自己有船也只能在比赛区域之外观看，而且每个级别都要比好几天才能分出胜负，所以到现场看比赛不妨当做一次海滨假日之旅。

　　在蓝色的大海上，林立的桅帆在阳光映照下，会让眼前的风景更加生动，而运动员驭风破浪的矫健身姿也会给人带来运动之美的愉悦享受。观众可以很放松地在岸边看比赛，肉眼看不到的细节往往可以通过场边的大屏幕来弥补。

　　观众观看比赛时，还可以带上国旗，当自己喜爱的队靠近时，可以放声呐喊，为其助威。

　　到现场观看残疾人帆船、帆板比赛的时候还需要注意一些特别事项。残疾人运动会需要每一个健全人的配合和鼓励。积极正面地协助他们，是所有观众的义务。在面对那些肢体残疾的运动员时，观众们也要保持冷静和客观。不要因为他们的残疾而发出哄笑或表现出明显的同情。

　　另外，通常情况下，在面对需要帮助的运动员时，一定要事先询问是否需要帮助，不可冒然行动。对于意志坚强的运动员来说，这些表现是对他们最大的不尊重。

PART 11 明星花絮

保罗·埃斯托姆

保罗·埃斯托姆被公认为是世界上最伟大的帆船运动员之一。他曾蝉联四枚金牌，创造了奥运会帆船史的成绩之最。

丹麦运动员保罗·埃斯托姆曾于1948年的萤火虫船赛（男子单人艇）和1952年、1956年、1960年的旋风船赛（芬兰人级）的比赛中折桂。

此后，保罗·埃斯托姆又参加了4届奥运会。他在56岁时还参加了自己的最后一届奥运会——1984年的洛杉矶奥运会，和孙女特琳共同驾驶一艘旋风船夺得了第四名的成绩。此外，他还在6个项目上拿过8个世锦赛冠军。

瓦伦汀·曼金

瓦伦汀·曼金是全能型的帆船运动员，是迄今为止唯一一个在奥运会上取得过三个不同级别帆船比赛金牌的运动员。

1938 年 8 月瓦伦汀·曼金出生于苏联的乌克兰。1968 年墨西哥夏季奥运会上，在芬兰人级比赛中战胜了 35 名竞争对手，获得他的第一枚奥运金牌，在全部七轮比赛中，他在其中的五轮比赛中都名列第一或第二。

在 1972 年的慕尼黑奥运会上，曼金又夺取暴风雨型帆船比赛（风暴级）的奥运金牌。1976 年，在蒙特利尔奥运会上，曼金再次获得这个项目的银牌。

1980 年，已经 41 岁的曼金在莫斯科奥运会又夺得了星型帆船比赛（星级）的金牌。在四届奥运会中，他在三个不同级别的比赛中获得金牌，成为奥运会历史上唯一一位在三个不同级别的帆船比赛中夺金的运动员。

哈里·本特森

哈里·本特森曾拿下奥运会和美洲杯两项大赛的金牌，在整个帆船运动界真可谓名气响当当。1964 年，他获得飞行荷兰人船型的铜牌。1972 年，这位帆船运动大腕又一次大放异彩，取得了索林型船的奥运金牌。

20 年之后，哈里·本特森和伙伴比利·郭茨又一次赢取了 1992 年的美洲杯（美洲杯帆船赛历史悠久，创建于 1851 年，是帆船赛中影响大、声望高的一项赛事）。要知道，自从帆船运动成为赛事以来，能够拿下这两项大赛的运动员寥寥无几。

艾伦·麦克阿瑟

提起麦克阿瑟，人们一定会想起上世纪威名远扬的美国上将，而在当代，这已经是另一个在英国甚至整个欧洲家喻户晓的航海英雄、一个单枪匹马征服大海的女人——艾伦·麦克阿瑟。

艾伦·麦克阿瑟

艾伦·麦克阿瑟18岁就荣获英国年度优秀青年航海家的称号，28岁创造了单人环球航海的世界纪录，是目前世界上速度最快的单人航海家。曾获体育界最高荣誉"劳伦斯奖"，享誉世界航海界。被《观察者》描述为"21世纪第一位真正的女英雄"。获《星期日泰晤士报》年度人物、BBC年度体育风云人物等称号。

艾伦·麦克阿瑟出生于英国北部的德比什尔。在童年时代，艾伦一直在积攒零用钱，梦想着可以从事航海运动。18岁时，艾伦就在自己21英尺的"lduna"小帆船上完成了环绕英国的航程，这也是她航海生涯的正式开始。

至今她在大洋中已经航行了245万英里，大约相当于绕地球10次。由于她长期以来在航海领域获得的卓越成就，艾伦被伊丽莎白女王在白金汉宫授予勋爵爵位，亦被各种权威传媒多次评选为全球女性的典范代表之一，成为全球女性及运动员的楷模。

　　2005 年，艾伦一举打破由男性所保持帆船环游世界的最快纪录，71 天 14 小时 18 分 33 秒完成了全程 4 万多公里的环球壮举震撼了整个帆船界，创下了帆船环球航行最快的新的世界纪录。

　　她在个人网站上写道："这绝对是一次肉体和精神上双重的奇妙旅行。我真的是感到喜出望外。"在结束这次环球航行之后，艾伦被送上了前来迎接她的英军驱逐舰，接受健康检查，并随舰前往位于英格兰南部法尔茅斯的帆船指挥总部。

　　在帆船指挥总部内，艾伦的队友在帆船冲过终点的一刹那齐声欢呼，并打开香槟酒，庆祝一项新世界纪录的诞生。在艾伦之前，驾驶帆船环球旅行最快纪录的保持者是弗朗西斯·茹瓦永，他在 2004 年 2 月以 72 天 22 小时 54 分 22 秒结束自己的环球航行。现在，艾伦的纪录比他快了 1 天 8 小时 35 分钟。

　　艾伦回忆说，在航行刚开始时，她的队友都不相信她能打破世界纪录。她回忆说："我当时感到很气馁，但我最终还是决定以饱满精神开始航行。整个航行旅程非常累人，而且我必须不停地用脑子思考很多东西。但现在我终于可以什么都不想，在那些久违同伴们的拥抱中休息了，这太好了！"

　　时任英首相布莱尔向艾伦发了贺电，表示她的圆满航行是一项"令人惊叹的成就"，"整个英国都引以为荣"。英国女王伊丽莎白二世也称赞艾伦完成了"非凡的、具有历史性的成就"。随后，英国伊丽莎白女王二世亲自册封她为高级英帝国女勋爵士，这是英国有史以来接受这项荣誉的最年轻女性。第六届劳伦斯最佳极限运动员奖也颁给了她。

罗伯特·施奈特

罗伯特·施奈特曾 9 次蝉联帆船世锦赛的冠军。在巴西人的心目中，施奈特几乎与激光级世界锦标赛冠军相同。2003 年 9 月，他以第二名的成绩结束了国际帆联世界锦标赛。然而，2004 年 5 月，他又再次拿到了世界锦标赛冠军头衔，这是他第七次在世锦赛上夺冠。

此后三个月，他在雅典奥运会上得到了混合"激光"型帆船比赛（激光级）的金牌，并成为了历史上第一个获得两枚奥运金牌的激光级帆船选手。早在 1996 年的奥运会上，施奈特就曾拿过此项比赛的冠军。

不过他的胜利并不是一帆风顺，而是经过了一场场激烈的角逐，直至最后一轮才宣告胜利。在激光级帆船赛前 10 轮比赛结束后，施奈特已经领先第 2 名 9 分。在最后一轮的比赛中尽管他只跑出了第 6 名的成绩，但是凭借前十轮所获得的优势，他已稳获冠军。比赛结束后，他拿出早已准备好的巴西国旗，挥舞了起来，接着被队友举上了岸。

2004 年 11 月，国际帆联在哥本哈根举行了本年度最佳运动员的颁奖仪式，施奈特凭借雅典奥运会激光级金牌，和近十年 7 次获得该级别世锦赛冠军头衔的成绩，获得了此项殊荣。提名期间，在施奈特出赛的所有国际帆联激光级级别赛中，他都以明显的优势站到了冠军奖台之上。

沙伊特以出色的表现使他在当时的国际帆联世界帆船运动排名中总是以第一名或第二名的成绩出现在世人眼前。2007 年 7 月 9 日，在 2007 帆船世锦赛上罗伯特·施奈特与搭档布鲁诺·普拉达一起再次夺得星级冠军。不久，他再次在世锦赛中折桂，成为了拿到世界冠军最多的帆船运动之一。

托尔本·格里尔

托尔本·格里尔是巴西历史上获得奥运奖牌最多的运动员之一。他是巴西体育史上获得奥运奖牌最多的运动员之一，5 次参加奥运会，5 次获得奖牌（两金一银两铜）。他也是世界帆船运动员中获得奥运奖牌最多的选手。从 1976 年开始到 2004 年他最后一次参加奥运会，他多次参加世界帆船比赛，总共获得过 35 次巴西国家比赛冠军和 13 次世界冠军，以及不计其数的大小帆船赛奖杯。凡是他参加的比赛，巴西人都知道他获得的冠军胜算是最大的。

5 岁的时候，托尔本·格里尔就在祖父的带领下开始帆船运动。很快，他就迷上了这项运动，也将自己的业余时间放在了帆船上，他的弟弟拉尔斯也和他一起接受训练。

在几年认真训练后，24 岁的格里尔在 1984 年参加了美国洛杉矶夏季奥运会，并与队友合作夺得一枚银牌。1988 年韩国汉城夏季奥运会，格里尔参加了星光级的比赛。这次，他和队友获得一枚铜牌。4 年后的巴塞罗纳奥运会上，格里尔发挥得很不好，只名列第 11。

1996 年美国亚特兰大夏季奥运会上，格里尔终于圆了自己的奥运金牌梦，在星光级比赛中，他和队友合作，在五站中名列第一，并以 41 分的成绩获得最后的冠军。2000 年澳大利亚悉尼夏季奥运会上，因为在第二段和第九段比赛中发挥失常，格里尔再次获得一枚铜牌。

2004 年，格里尔在希腊雅典最后一次参加夏季奥运会的比赛。在自己运动生涯的末期，格里尔奏出了最强音，在总共 10 段比赛中，他获得了 8 段的第一，并获得自己的第二枚奥运金牌。在参加的 5 届奥运会中，格雷尔总共夺得了两金一银两铜，这也使他成为巴西历史上获得奥运奖牌最多的运动员之一。

高·弗里德曼

1975 年 9 月，高·弗里德曼出生于地中海沿岸城市哈代拉。7 岁的时候，他就在父亲的带领下开始接受帆船运动的训练。13 岁的时候，弗里德曼就参加了自己的第一个帆船比赛。

1996 年，弗里德曼在美国亚特兰大参加了自己的第一届夏季奥运会，在米斯特拉级比赛中，弗里德曼获得一枚铜牌，尽管只是一枚铜牌，但这也是以色列历史上获得的第三枚奥运奖牌。

高·弗里德曼

1999 年和 2000 年，弗里德曼的战绩并不好，他没能获得 2000 年悉尼奥运会的参赛资格，在这段时间，他也开始从事其他运动项目，包括山地自行车，来提高他的身体素质。两年后，弗里德曼又重新回到运动生涯的高峰，在一系列重要比赛中获得好的名次，包括 2002 年的世界锦标赛冠军。

2004 年希腊雅典夏季奥运会上，弗里德曼成为金牌的有力争夺者，他对比赛场地非常熟悉，因为他之前就曾经多次在这里进行训练。在比赛中，弗里德曼的成绩非常稳定，每段的成绩都保持在前八的位置，在第八段后，他一度排名第一，但直到最后一段，他也没能确定获得最后的金牌。

在决定性的第十一段比赛中，弗里德曼获得第二的成绩，但金牌对手分别名列第十和第十七，这使弗里德曼顺利夺得了这枚奥运金牌，这也是以色列历史上的第一枚奥运金牌。

这是以色列的国歌第一次在奥运会上奏响。弗里德曼情不自禁地说："能够在奥运会赛场上升国旗，奏国歌一直是每一个奥运会参赛选手梦寐以求的事情，是最高的荣誉。听到以色列的国歌响起我无比的自豪和幸福，我尽我全力大声唱出来但却没有人听得到我，因为所有人都在声嘶力竭地高唱我们的国歌。"

回国后的弗里德曼成了国家英雄，受到了热烈的欢迎。

西伦·桑德比

对大部分中国人来说，西伦·桑德比是一个陌生的名字。但在北欧，这位帆船名将却是家喻户晓。在被评选为 2003 年国际帆船帆板协会年度最佳女运动员称号后，她的运动生涯达到了一个巅峰。然而她并不满足，早已把下一个目标定格在奥运会帆船帆板欧洲级冠军上。2004 年 8 月 22 日，她终于成功地实现了自己的目标，为挪威代表团夺得了雅典奥运会第二枚金牌。

西伦·桑德比从 8 岁起就开始练习帆船帆板运动，13 岁时参加了平生第一次正式比赛。1996 年，只有 14 岁的桑德比就赢得了运动

挪威名将西伦·桑德比

生涯的第一场胜利，在"乐观者"欧洲锦标赛中夺冠。在 1996 年、1997 年她还获得了世界女子青少年帆板冠军。1998 年，她参加了帆船、帆板欧洲级世界锦标赛，但是只排在第 51 名。

2000 年，西伦·桑德比只有 18 岁，初次征战奥运会但同样雄心勃勃的她在悉尼仅获得了第 19 名，这对她打击很大。可是她没有放弃，2001 年就进入了世界级大赛的前 10 名，在当时葡萄牙维拉穆拉举行的世界帆船帆板锦标赛上，赢得了第七名。

早在雅典奥运会开幕的两年前，桑德比就在这里的水上中心体验过冠军的滋味，不过那只是奥运会预选赛。同年，她又在世锦赛欧洲级比赛中获亚军，落后于澳大利亚选手塞拉·布兰克。

2003 年对于桑德比来说不同寻常，她取得了一系列骄人战绩，全年系列分站赛中从未掉出过三甲，只有三次让欧洲级冠军旁落，世界排名也在 5 月进入前三，8 月登上世界第一宝座，年度最佳女子帆船帆板运动员称号实至名归。雅典奥运会上，她以 47 分赢得冠军，战胜了老对手塞拉·布兰克，后者只获得了第四名。

桑德比来自于一个帆船世家。赛后，她在接受采访时动情地谈起了他的哥哥，帆船帆板 49 人级运动员克里斯托弗·桑德比，当初她正是在兄长的鼓励下开始了这项运动。如今金牌梦已圆，她最想感谢的人就是哥哥："这么多年以来，他教给了我很多东西，我们在一起很开心。"

此外，她还把冠军归功于自己的教练托马斯·古托曼森。从 2000 年开始，古托曼森就成为了桑德比的教练。她说："四年来，我们配合默契，金牌也有他的一份功劳。"

雅典奥运会过后，国际帆联决定调整奥帆项目，取消帆板男、女米斯特拉级和帆船女子欧洲级比赛。如此一来，西伦·桑德比也就失去了参加 2008 年北京奥运会的机会。

本·恩斯利

本·恩斯利 1977 年出生于英国，身高 1.88 米，体重 93 公斤。本·恩斯利上学时打板球和曲棍球，各种运动他都喜欢。他 7 岁开始独自驾驶帆船，很快就喜欢上了这项运动，当时完全被它吸引了。

父亲罗迪是帆船能手，曾在 1973 至 1974 年惠特布雷德环球大赛中担任"再生"号的船长，这激发了本·恩斯利的兴趣。16 岁时，他已是激光雷迪尔级世界冠军了。

目前，恩斯利拥有 5 次获得奥运会帆船项目奖牌的英国纪录，分别是 2012 年伦敦奥运会芬兰人级冠军，2008 年北京奥运会芬兰人级冠军，2004 年雅典奥运会芬兰人级冠军，2000 年悉尼奥运会激光级冠军，1996 年亚特兰大奥运会激光级亚军。

在世锦赛中，安斯利也是战绩不俗，在 2002 年和 2003 年的世锦赛中，他连续两次获得芬兰人级冠军；1998 及 1999 年世锦赛中，连续两届激光级冠军。在欧锦赛中，他是 2002 及 2003 年芬兰人级冠军；1996 年、1998 年、1999 年和 2000 年激光级冠军。

悉尼奥运会夺金之后，恩斯利声名鹊起。超级富翁、美国人保罗·艾伦（微软创始人之一）和克格雷·麦考指名道姓，要恩斯利执掌他们的"一世界"（OneWorld）船队，挑战美

本·恩斯利

洲杯。

那是一支由 85 人组成的"多国部队",恩斯利和这支船队共同度过了 18 个月。在 18 个月的风起浪涌之间,恩斯利在收获宝贵经验的同时,也越来越清楚地意识到,以他目前的个人状态,他更应该全神贯注于小船的比赛。

"在激光级的比赛中,我已经得到了我想要的一切,"恩斯利说,"我觉得我需要新的挑战,无论是心理方面还是技术方面,我希望这个挑战能够使我在未来的航海事业中取得更大的成就,那就只有芬兰人级的比赛了。"就在美洲杯帆船赛开始前,恩斯利退出了"一世界"船队。

芬兰人级帆船赛,要求帆船的速度达到每小时 10 海里以上,因此对选手的力量要求很高,而恩斯利的"苗条"身材显然还无法满足这项赛事的要求。恩斯利从饮食和运动两方面双管齐下。他调整了食谱,每天增加了 4500 卡路里的热量摄取,还制定了严格的力量训练计划。很快,恩斯利的体重就从 76 千克增加到了 95 千克。

不久,恩斯利收获了胜利,他获得了 2002 年的欧锦赛和世锦赛冠军。1998 年,恩斯利获得了他在激光级的第一个世锦赛冠军和第二个欧锦赛冠军之后,国际帆联授予他"年度最佳水手"的称号。2002 年,更改级别后的两个冠军的获得,再次让国际帆联激动不已,就像 1998 年那样,他们把 2002 年的"年度最佳水手"奖,再次颁给了恩斯利。

2003 年,恩斯利成功地保住了他在芬兰人级的冠军头衔,顺利地获得了雅典奥运会的入场券。这一次,恩斯利如愿以偿地拿到了奥帆赛芬兰人级的冠军。除了刻苦的训练,据说他获胜还有两个"秘诀",一是不刮胡子,二是赛前一定要吃一顿中餐。这是恩斯利在大赛之前一直保持的两个特殊习惯。谈到吃中餐的习惯,恩斯利说:"在参加比赛前的一段时间,我几乎每天都要吃上一顿中餐。当然在这样的美味佳肴面前我不会暴饮暴食,只是总要想法子找个中餐馆解解馋。"

雅典奥运会当然也不能例外。功夫不负有心人，在比赛场地附近，还真让恩斯利发现了一家中餐馆，于是他大饱口福、酒足饭饱之后，满意地将金牌挂在了脖子上。

2006 年青岛国际帆船赛期间，由于已经事先承诺要参加美洲杯帆船赛，自 2005 年在莫斯科赢得破天荒的个人连续第四座芬兰人级金杯后，雅典奥运会芬兰人级冠军恩斯利就一直没有参加过芬兰人级的比赛。但实力雄厚的他依然在国际帆船赛上，不负众望地获得了芬兰人级金牌。

2008 年的北京奥运会上，恩斯利又在青岛举行的奥帆赛上再次夺得芬兰人级金牌，继续用自己的实力演绎着海上的帆船神话。

时隔 4 年，35 岁的恩斯利又在本土摘下了伦敦奥运会帆船赛芬兰人级项目的金牌。这已经是恩斯利第四夺得奥帆赛的金牌了，也使他成为历来赢得最多奥运奖牌的英国帆船选手。

在伦敦奥运决赛中，本·恩斯利以微小差距战胜最主要的对手、丹麦的克里斯坦森而四连金，法国的罗伯特则是挤下荷兰好手波斯特玛拿下铜牌。

赛后，恩斯利说，比赛的时候，脑袋一片空白，根本无法思考战术。夺金后，他特别对过去 4 年支持自己的人士表达感谢，在言语中难掩兴奋之情。恩斯利自己也承认，比赛过程并非一帆风顺，形容这次的比赛是最困难的一次比赛，还开玩笑地说"希望这辈子不会再碰到类似的情况"。

法思婷·麦瑞特

法思婷·麦瑞特出生于法国布列塔尼大区布列斯特市。从 13 岁开始参加帆板比赛，麦瑞特在很长一段时间内占据了这个级别的龙头位

置。从 1996 年到现在，在麦瑞特参加的几乎所有大赛中，她的成绩都没有降到 5 名以下，在 2004 年雅典奥运会夺取女子帆板的奥运冠军。

在 2006 年青岛国际帆船赛女子帆板比赛中她以总积分 19 分的成绩夺得冠军。2007 年，麦瑞特再次来到中国青岛参加国际帆船女子帆板比赛，但在比赛中输给了英国选手。

麦瑞特自称是个很害羞的人，但那是在赛场之外。在海面上比赛，她与对手的竞争从来就没谦让过。她曾多次来到中国的帆船比赛圣地青岛参加国际性的赛事。在 2007 年的国际帆船女子帆板比赛前夕，麦瑞特显得非常严肃，"每个人都会希望自己获胜，但实力强大的对手有很多。"

在雅典奥运会后，她一度萌生退役的念头，因为北京奥运的帆板不再是她熟悉的米斯特拉级，而变成了 RS：X 级。但出于对帆板的热爱，她还是跟随法国队来青岛参加了 2006 年和 2007 年青岛国际帆船赛。

2008 年北京奥运会帆船比赛开始前，法国国家队阿兰雄心万丈地表示："法国队的目标是至少夺得三枚金牌。"

在青岛奥帆赛上，法国队派出了 18 名选手参加所有级别的比赛，以麦瑞特为首的法国队将与老对手英国队一比高下。为了备战青岛奥帆赛，法国队从 2005 年起就启动了北京奥运会备战计划，在这期间法国选手几乎参加了所有世界级大赛，并派出强大的阵容参加了在青岛举

法思婷·麦瑞特

办的两届奥运测试赛。

"为备战需要，我们尝试了不同的组合，队员们现在已经度过了磨

合期。"阿兰说。

在阿兰眼中，法国队的冲金点集中在女子帆板、星级和托纳多级上。而麦瑞特则是法国队的一张王牌。"她是雅典奥运会的冠军，具备很强的实力，我们对她很有信心。"阿兰说。

很明显，麦瑞特是法国队的骄傲。但要想在奥运会上卫冕，并不是那么容易的事情。何况，麦瑞特在雅典奥运会就开始了自己的学习生活，因为体育管理专业的学习，她训练的时间大为减少，这也是造成她在雅典奥运会之后国际排名不断下滑的原因之一。

再加上项目的调整，麦瑞特原先熟悉的米氏级比赛被取消了。麦瑞特最终在 2008 年的奥帆赛中表现平平，未能实现卫冕的愿望。不过，这并不影响她成为世界上最伟大的女帆船运动员之一。

索菲亚 · 贝卡托罗

1977 年 12 月索菲亚·贝卡托罗生于希腊。她天生适于航海，还在孩提时代就已在故乡希腊的水域崭露头角。勇气、技巧、果断，迅速引领她步入世界前列。欧洲冠军，世界冠军，频传捷报。2002 年获得国际帆联和劳力士世界帆船年度最佳运动员奖，2002 世界冠军。2004 年，贝卡托罗又在本土获得了奥帆比赛女子 470 级项目的冠军。

希腊这个三面环海的国家，海是大自然的最好馈赠。美丽而快乐的贝卡托罗就是大海的女儿。她 8 岁时，便已经开始接受航海训练。贝卡托罗说，自己从事这项运动，完全是因为父亲，身为一名工程师的父亲，酷爱航海，于是把他的三个孩子从小就赶到海里。

然而，姐姐和弟弟都没有坚持下来，他们后来都走上了读书的路，姐姐是一名博士，弟弟是一名硕士，只有她至今还在海上。似乎是索菲

索菲亚·贝卡托罗

亚·贝卡托罗天生适于航海，十多年来，欧洲冠军、世界冠军，她一路稳步走来，而她的事业最高峰是2004年雅典奥运会，她驾驶的470级帆船获得雅典奥运会金牌。

没有哪一块金牌更像索菲亚·贝卡托罗获得的这块金牌更适合于希腊了。在自己家乡的海域，在希腊海神波塞冬的注视下，在希腊几千年航海文明的背景下，贝卡托罗为希腊夺得了帆船的金牌，报纸媒体的采访铺天盖地，她成了希腊的女英雄。

2004年雅典奥运会结束后，贝卡托罗便转向英凌级比赛用龙骨型帆船。这主要是她的年龄已经大了，更适合带领一个团队去争取成绩。英凌级帆船需要由三人操纵，长6.35米、高1.73米、帆面积14平方米、船重200～230公斤。1967年由挪威人詹林恩设计。2004年雅典奥运会刚刚被列入比赛项目。

贝卡罗托和她的小组很快获得了北京奥运会的参赛资格，并且两次前往青岛试训过。遗憾的是，缺少了天时、地利、人和优势的贝卡托罗没能在青岛复制"希腊神话"。不过，她已经尽力了，而且获得了世界的认可，正如她自己说的那样："比赛的结果是谁也不能掌控的，但努力去接近目标是可以做到的。"

雅各布·托姆斯

在奥运会历史上，挪威运动员雅各布·托姆斯是为数不多的双料运动员之一。他分别在 1924 年夏木尼冬奥会和 1936 年柏林奥运会上获得跳高滑雪金牌和混合 8 米型帆船银牌。

1924 年在夏木尼举行的第一届冬奥会上，跳高滑雪是六大项目的其中之一。当时，总共有 27 名参赛者出赛，但比赛的前五名却统统被挪威人包揽。1928 年，第二届冬奥会开幕，雅各布·托姆斯——第一届冬季奥运会跳高滑雪冠军得主，踏上了他的卫冕战之路。

在第一届冬奥会上，托姆斯优美绝伦的姿势使他在激烈的角逐中战胜了他的同胞兄弟，从而捧走冠军奖牌。然而这次，他却陷入了一场有争议的事件。比赛中，东道主瑞士和佼佼者挪威之间产生了一场争执。挪威人称，瑞士人设立的起跳点高度太低，这对于普通的选手来说是不公平的，因为在这样低的起点起跳，他们跳得不可能像水平较高的选手那样远。

当挪威人被称为"胆小鬼"时，托姆斯变得异常愤怒。在第一跳平了第五名的情况下，他的第二跳非常之远，直接飞出了着落区域。他跳了 73 米——当时最新的跳高滑雪纪录，但在落地时他却不幸地摔倒了。最终，极低的动作分把托姆斯带到了第二十八名，从而与奖牌失之交臂。

冬奥会之后，托姆斯又参加了一届奥运会，但这次却是在 1936 年举办的夏季奥运会。作为挪威帆船队的一名成员，托姆斯最终赢得了一块银牌。

奥运会历史上，既参加过冬季奥运会又参加过夏季奥运会并获得奖牌的运动员只有四名，托姆斯便是其中之一。

李丽珊

被称为"风之后"的李丽珊是土生土长的香港人。她自幼在舅父黎根的指导下练习滑浪风帆，17岁开始参加比赛，19岁成为香港代表队成员，教练是艾培理。她多年来获得数个国际比赛奖项，1996年为香港赢得了首枚金牌。

自1952年赫尔辛基奥运会至1996年之前，香港运动员参加的历届奥林匹克运动会上从未拿过奖牌。李丽珊的这枚金牌为香港翻开新的奥运篇章。消息传到香港，全港震动。当时她居住的岛屿长洲岛举行万人祝捷会，电视台从她落机抵港一直全程直播，这面金牌曾一度在香港掀起学习滑浪风帆热潮。

李丽珊夺奖后激动地向记者说："香港运动员唔系垃圾！（香港运动员不是垃圾！）"

李丽珊在比赛中

这句话成为传颂一时的名句。此事源于李丽珊在1990年代一次代表香港参加欧洲滑浪风帆锦标赛时，本来大会想让出多一点非欧洲人士籍席位与不同人士参加，但后来报到者超过限额60人；引来一些欧洲参赛者对一众香港代表的微言，直指香港运动员是垃圾，为何还要抢夺参赛资格，直至此次夺奖才一吐怨气。

李丽珊在体育事业的杰出成就，使她获得不少荣誉，包括于1997

年获英女皇颁授员佐勋章、2003 年获香港行政长官董建华颁发铜紫荆星章，并多次获选为香港杰出运动员。

此外，她为香港夺得首枚奥运金牌之后，获香港地铁公司奖励终生免费乘搭地铁，后来油麻地小轮公司奖励她终生免费乘坐渡海轮船。

李丽珊获得奥运金牌以后，成为香港大众的偶像。香港漫画《麦兜的故事》，更将李丽珊与黎根画成当中的人物，作为主角发奋向上的学习对象。

李丽珊在中国的第九届全国运动会失意后一度打算退役，但她在2001 年再次登上世界女子奥运板年终排名第一，这是她继 1996 年和1998 年后，第三次获得这个殊荣，也正是这一原因使李丽珊决定坚持到釜山亚运会，而雅典奥运再次为中国香港代表队争取金牌的荣誉已经成为她在退役前唯一的愿望。

在 2002 年釜山亚运会上，李丽珊果然不负众望，再次夺得女子帆板米氏级冠军。此后，她又多次在国际性和全国性的比赛中取得佳绩，其中包括 2003 年雅典帆船大赛女子帆板米氏级亚军、2003 年全国帆板锦标赛女子帆板米氏级冠军、2004 年雅典奥运会第四名等。

殷　剑

殷剑出生于四川省西昌市的海南乡岗瑶村。她有一个哥哥，两个姐姐，四个孩子分别取名"珍珠宝剑"，她是小幺妹。殷剑从小喜欢游泳，总背着父母和村里的其他小孩跑到邛海边玩耍，这让父母十分担心，但她每次回来，都要拉着父母的手，安慰他们，说自己是水性最好的一个。殷剑的兴趣爱好特别多，除了游泳，她还喜欢唱歌、打篮球……而且总是非常沉迷，但父亲殷崇富却从未粗暴干涉过，总是想办法加以引导。

在殷剑的成长过程中，只有一段时间不是以运动为主的，那就是读初一时。那时，在她的脑海里，不知道什么叫帆板，更不知没完没了的比赛和压力。当时，殷剑班上有一个男生，家里十分穷，平时胆子很小，于是就有一些不懂事的孩子常常取笑和欺负他。殷剑发现之后，每次都会站出来制止，显得十分有侠义心肠。

一个偶然的机会，让殷剑走上了从事帆板运动之路。1992年，邛海水上运动学校校长贵成忠到各县去招生。当时，殷剑与一位好友到邛海水校玩，听说可报名练帆板，她们就报了。

然而，殷剑虽在邛海边长大，但对帆板项目一无所知，她称当初的想法再简单不过，仅仅是想争取转正，这样一来户口就可以农转非了。当时殷剑只有14岁，正在读初二，但她的身高有1.65米，瘦长。在水上运动学校，初入门道的殷剑表现出了极好的运动天赋，她对帆板各种技巧的掌握非常快，进步速度惊人，常被表扬。这时，被表扬包围的殷剑有点飘飘然了，言语之间，骄傲的情绪越来越严重。

看到这种情况，教练十分着急，因为他知道，无论一名队员素质有多好，一旦产生了骄傲情绪，难成大器。经过教练组再三权衡，最终决定将殷剑开除。那是1993年。被赶回家的殷剑知道自己错了，每天写信写保证书，交给教练。殷剑常偷看队友们在水中扬帆，并一次次地掉泪。她一再表示，自己非常热爱这项运动，希望重新归队。半年之后，殷剑重返水校，如同脱胎换骨一般，训练精神发生了很大变化。

站在色彩鲜艳的帆板上踏浪，乘着海风潇洒来去，这是帆板运动员留给大家的印象。可是对于真正从事帆板运动的殷剑和她的队友来说，帆板运动却绝非人们想象的那么风光。每次训练，殷剑和队友们都要穿上一件紧身服。沾上海水后，这件衣服就冰凉潮湿地贴在皮肤上，非常难受。不舒服还是次要的，让女孩子们最难接受的，是天天泡在海水和汗水中，皮肤哪能光滑细腻。

自从殷剑进入运动队后，身上和脸上都常常会长小疙瘩。水面上的紫外线是陆地上的三倍，参加训练不久，殷剑就被晒得又黑又瘦，乍一看，留着短发的她像极了一个小男生。

用殷剑的话说，她不怕苦，也不怕累，就怕皮肤晒黑，但她又说，"训练时，除了脸，其他地方都不敢涂防晒霜，因为太油腻，影响比赛。"殷剑的脸与脖子有很大的色差，几乎是黑白分明。有一次，殷剑随贵成忠教练到海南集训，一段时间后，殷剑写信给自己的好友邢晓燕说："我掉到水里了，就听见岸上有人在喊：快把那个小男生拉起来！唉，都不把我当女孩子看。"

在海南训练时，殷剑第一次下水就把帆板给弄断了，于是教练发给她一个木质帆板，木质帆板根本不能和其他帆板比速度，但用木帆板练了一个学期后，考试中用上好帆板的殷剑，居然一鸣惊人地取得了男女混合第三名的好成绩，让大家刮目相看。

高强度的训练比赛，让殷剑也饱受伤病之痛，骨折是司空见惯的事。最严重的一次，殷剑的大腿被倒下的帆板撞断了，吓坏了的父母忍不住劝殷剑放弃这项运动，但殷剑却认为，这些都是成功路上必须遭受的磨难。她对教练说： "我不会放弃，我能成功！"

中国著名帆板运动员殷剑

生活中，殷剑还是那样爱说爱笑，大方开朗，和所有的队员和睦相处，见到朋友有困难，也总是毫不犹豫地伸出援助之手。成为正式运动员以后，殷剑每年都要参加七八次国内外的帆板比赛，无数次成功的欣喜和失败的打击，也磨练了殷剑的意志，使她更稳健地成熟起来。

2004 年雅典奥运会上，殷剑第一次参赛就一鸣惊人，在女子米氏级比赛中以总分 33 分勇夺一块银牌。此前，殷剑曾多次参加国际性的大赛，但比赛成绩并不突出。

在雅典奥帆赛上，殷剑在前几轮的表现也不甚理想，但总积分排名始终保持在前 10 名以内。从第六轮开始，她连续获得三轮第一，8 轮过后在众多欧美选手中脱颖而出，名次一下子跃至首位。遗憾的是在关键的第十轮，她在转弯处与一名澳大利亚选手相撞，受到了不小的影响，本轮结束时得到 9 分，名次跌落到第三位。

在最后的第十一轮比赛，殷剑以出色表现再次获得第一，得到 1 分，最后总分为 33 分。世界排名第一的法国名将梅莱特伦紧随殷剑之后获得了 2 分，再加上她上轮过后得到的 29 分，后来居上以 31 分、高出殷剑 2 分摘走了金牌，意大利的森西尼名列第三。

赛后，殷剑非常高兴，她说："由于第十轮比赛没有发挥好，反倒让我在最后一轮比赛中放开了心态，没有任何杂念，一直往前冲。在奥运会上夺得奖牌，是多少中国水上人的梦想，今天我做到了。"

时隔 4 年，殷剑的身影又出现在青岛奥帆赛的赛场上。她在 10 轮系列赛中暂时排名第一，她的成绩是 33 分，领先第二名 5 分。她只要在决赛中发挥正常，就能够夺得这枚金牌，创造中国女子帆板奥运会第一枚金牌的历史。

2008 年 8 月 20 日下午，奥运会女子帆板 RS：X 级奖牌轮决战在青岛奥帆中心如期上演了。比赛的当天青岛奥帆中心是小风天，相对有利于殷剑的发挥，可以说在奖牌轮开战之前中国选手就拥有了天时地利人和。

选手们第一次出发时出现抢航的情况，比赛因此重新启航，第二次出发后殷剑利用风力滑行高速前进，而森西尼和肖也排名靠前，绕过第一航标时，世界排名第一位的西班牙选手阿拉沃暂居头名，而殷剑落后 0.22 秒暂居第四位，她只要紧咬住英国选手和意大利选手，冠军将不会旁落。

在通过第四航标时阿拉沃继续名列头名，赛前排名第三的肖上升到了第二位，森西尼暂居第四位，殷剑则落到了第五名。4 名争冠选手之间的争夺便更加激烈，彼此积分都在伯仲之间。重返第一航标的途中，肖超越阿拉沃占据头名，而意大利老将森西尼也排名有所上升，对于殷剑来说形势不太有利，她必须超越领先自己 15 秒的乌克兰选手才有希望获得金牌。

殷剑在比赛中

冲刺阶段，森西尼率先绕过了最后一个航标，紧接着是西班牙、英国选手，殷剑超越了乌克兰选手占据了第四位。而在随后过障碍标时，西班牙选手被判犯规必须做一个 720 度原地解脱，这样殷剑便趁势上升到了第三位。

比赛结束了，殷剑在比赛中上升到第三位，以总分 39 分获得了中国代表团首枚奥运帆船金牌，意大利老将森西尼虽在奖牌轮中获得第一，但积 40 分只能摘得该项目的银牌、英国选手肖以 45 分获得铜牌。

张小冬

张小冬祖籍山东昌邑，出生于 1964 年，是中国第一批帆板女运动员之一。她从小生长在湛江的海边，谙熟水性；中学生时作为霞山业余体校田径队中的一员，跟庞贵老师练铅球，使她更添耐、韧性。后来，湛江市业余体校成立帆板队，她更成为刘木荣教练第一批物色上的队员。有如此综合良好的体育基础、有如此一点即悟的竞技天性。擢身国家帆板队的张小冬，更是用自己的刻苦耐练和节节进步，使当初在她入队时投过反对票的不少教练心服口服。在国家帆板队如鱼得水的张小冬，在 20 世纪 80 年代中期，正谓睥睨群雄、一帆绝浪！

20 世纪 80 年代，和我国的经济状态一样，航海运动也处在艰难的起步阶段。除了运动训练本身的艰苦以外。运动装备和生活条件也很艰苦。那时每到训练时最发愁的是穿"冰衣"，即上次训练用过的绒衣（当时没有专业保暖服）没有干燥，湿漉漉的再套在身体上，"那真叫凉透了"张小冬回忆说。

张小冬在比赛前夕检查装备

海南的冬季有寒流时温度也低于 10℃，再加上下雨，海上训练常使比较瘦小的张小冬上下牙齿打架，回到简陋潮湿的宿舍先钻进被窝，几十分钟后才能停止打颤。1987 年"六运会"后张小冬就产生了退意，但是女子帆板将列为 1992 年奥运会比赛项目的消息传来后，她又咬紧牙关拼了下来。

1992 年的巴赛罗那奥运会，女子帆板终于被列为正式比赛项目了。然而此时的张小冬，已是年届 30。对于帆板这一每赛必须在狂风骇浪中咬紧牙关拼尽 11 个回合的超强度运动量加综合技巧、头脑意识的项目，对于好不容易才盼得这一机会的张小冬，既兴奋，更觉压力万分！

最终，张小冬凭借顽强的毅力和娴熟的技巧，获得了一枚银牌。这是中国，乃至亚洲在奥帆赛上获得第一枚奖牌。

可以说，从1983年至1993年这十年是张小冬运动员生涯里的黄金十年，曾获得奥运会、世界锦标赛、世界杯赛、亚运会、亚洲锦标赛、亚洲杯等金、银、铜各种奖牌近50枚。退役后，张小冬开始从事水上体育教育工作。

徐莉佳

1987年，徐莉佳出生在上海。不到10岁，她开始练帆船。10岁那年从上海长宁区体校游泳队改项学OP帆船，师从张静教练。试训时，先天右耳听不清的徐莉佳听课特别认真，老是把头伸得直直地听教练讲解，而且她的驾船动作也比别人快。

当然，徐佳莉在训练的时候也吃了不少苦头。12岁时，徐莉佳随队在福建东山进行外海训练，结果暴风雨突袭，教练的皮艇都被打翻。徐莉佳与队友在波涛中挣扎了两个多小时才安全上岸。万幸的是，全队都是安全的，器材也都完好无损。

在张静的指导下，徐莉佳的成绩突飞猛进，并且一举在2001、2002两届世锦赛OP级帆船比赛中获得冠军。2003年，按照国际帆船、帆板协会的规定，超过15周岁的选手必须由小级别的OP级帆船改练大级别的项目，这样徐莉佳也就转投到了张静教练的丈夫刘小马手下开始练习大级别的帆船。

原本徐莉佳有望参加2004年雅典奥运会，但当时她发现自己左膝关节长了个小肿瘤。在医生、父母和教练的劝说下，她放弃奥运会，接受了手术。手术后医生告诉她，这个肿瘤如果不及时切除，将在3个月后转化为恶性肿瘤，那时她将不得不截肢。

2006年，徐莉佳参加了世界帆船帆板激光级锦标赛，并一举夺冠。2006年的激光级世锦赛在美国加州马里纳德尔雷举行，徐莉佳在比赛中优势明显，12轮比赛积42分，提前一轮夺得冠军。

徐莉佳原先从事的是欧洲级，改练激光级仅八个月，却在首次参加世锦赛就给大家带来惊喜，将卫冕冠军、世界排名第一的美国选手雷莉、世界排名第二的美国选手塔尼克里菲、欧洲冠军范阿克尔统统甩在了身后，以压倒性的优势夺得冠军。

"我自己感觉很兴奋，也为自己的祖国感到自豪。"徐莉佳笑着说，不过说起比赛来，她就变得谦虚得很，她说："这次是我们第一次参加激光级的世锦赛，所以我们赛前的目标仅仅是去学习，没有想到过会拿冠军。去的时候其实是很轻松的，因为人家都是世界名将，而我还从来没有参加过什么大赛，所以我就是一身轻松地去了，不过我并不畏惧和对手进行较量，不畏惧和她们进行战斗，我也感觉到自己这几个月里进步蛮大的。"

此时已经距离北京奥运会开幕只有两年的时间，徐莉佳的这个世界冠军是献给倒计时两周年最好的礼物。她骄傲地说："所有的人都很开心，希望这对我来说是一个新的开始。通过这次比赛我发现美国加州的海浪和2008奥运会的比赛场地青岛的海浪非常相似，这也给了我很大的信心，我一定尽力在两年之后的北京再拿一块金牌！"

不过，和欧美名将相比，徐莉佳还是太年轻了。2008年08月21日，在青岛进行的奥运会帆船比赛全部结束。徐莉佳最终在激光雷迪尔级的比赛中获得了一枚铜牌。

徐莉佳虽然创造了中国在该级别比赛上的最好成绩，但仍稍感遗憾。于是，她便把目光锁定在2012年的伦敦奥运会。这一次，她没有失望。2012年8月6日，徐莉佳在伦敦奥运会帆船比赛中如愿以偿地获得了女子激光雷迪尔级冠军。

徐莉佳一路领先以 30 分 19 秒率先撞线，她以 35 分的净得分夺取该项目金牌。这是中国队首次夺取雷迪尔级的金牌，也是中国代表团在该届奥运会的第三十一枚金牌。徐莉佳的胜利是继殷剑在 2008 年北京奥运会获得女子帆板 RS：X 级冠军后，中国获得的第二枚帆船帆板金牌。

在前 10 轮比赛中，徐莉佳发挥得相当稳定，有两轮比赛都排名第一。从第四轮开始，她每一轮的名次都在前 5 名之内。前 10 轮结束，徐莉佳的总得分是 46 分，扣除掉第三轮的最差分 11 分，她的净得分是 33 分，这与荷兰的鲍维米斯特尔一样，她们排名前两位。比利时的范阿克尔 34 分紧随其后。

奖牌轮开始后，爱尔兰的墨菲率先发力领先，徐莉佳驾艇紧跟在她的后面。第一个计时点墨菲的成绩是 6 分 35 秒，徐莉佳落后她 3 秒排在第二。之后徐莉佳发挥得更为出色，她慢慢超越了墨菲升至领跑位置。在第二个计时点时她以 10 分 10 秒领先，鲍维米斯特尔和英国的杨以 4 秒之差落后。

徐莉佳手持国旗庆祝胜利

之后的比赛中风速慢慢增大，徐莉佳很好地控制住风帆，她的领先优势一直稳定在 30 米左右。通过最后一个计时点时徐莉佳的成绩是 29 分 30 秒，排名第二的鲍维米斯特尔落后她 9 秒，徐莉佳几乎已胜券在握。在最后的冲刺阶段徐莉佳牢牢保持优势，最终她以 30 分 19 秒的成绩率先冲线，鲍维米斯特尔以 8 秒之差第二个抵达终点。奖牌轮徐莉佳得到 2 分，净得分 35 分夺取金牌。鲍维米斯特尔奖牌轮拿到 4 分，净得分 37 分摘得银牌。阿科尔在奖牌轮得到 6 分，她以 40 分的净得分获得铜牌。

沈晓英

沈晓英生于 1983 年 3 月 2 日，上海人，身高 1.67 米。从事的项目是欧洲级帆船。最好成绩是世界锦标赛冠军。

沈晓英爱好音乐和旅行，并具有大学教育背景。她从 11 岁开始就和帆船结缘，取得了一系列大大小小的成绩，包括：1997 年帆船 OP 级世界锦标赛第三名，1998 年帆船 OP 级全国锦标赛冠军，1998 年帆船 OP 级亚洲锦标赛冠军，2002 年帆船欧洲级全国锦标赛冠军，2004 年帆船欧洲级雅典奥运会第七名，2005 年帆船欧洲级第十届全运会冠军，2005 年帆船欧洲级世界锦标赛冠军。

中国女子帆船运动员沈晓英

1994 年，11 岁的沈晓英被上海帆船队少年 OP 级主教练张静选中。这个有着"严父"般的狠劲、"慈母"般的爱心的女教练凭借着她多年训练 OP 级帆船的丰富经验，经过不到 4 年的训练，就让沈晓英取得了世界锦标赛第三名的好成绩。

在超过了少年 OP 级训练年龄后，沈晓英顺理成章地过渡到成人帆船项目，在刘小马教练的指导下练起了欧洲级帆船。

沈晓英是比较典型的"外软内刚"的帆船舵手好材料。2001 年冬季，沈晓英在国家队训练。由于她足踝小肌肉群薄弱，踝关节再次受伤。受伤后只能卧床的她看着自己肿胀得像馒头的脚踝，没有了往日阳光灿烂的笑容，不住地流泪。疼痛使她难忍，停训让她无奈。看着队友们在热火朝天地训练，她只好默默地在床上做着仰卧起坐等力所能及的练习。沈晓英的"刚"还体现在比赛中。"刚"的主要表现是比赛发挥好，注意力稳定。

就是这样一个爱笑而且笑起来一脸阳光、一脸灿烂的漂亮姑娘沈晓英，在近两年连续改写了中国帆船选手在世界重大比赛中的成绩纪录。2004 年雅典奥运会帆船欧洲级获得第七名，2005 年欧洲级世界锦标赛获冠军。

周元国

周元国生于 1977 年 12 月 28 日，辽宁抚顺人，身高 1.73 米。从事项目是米氏帆板。爱好读书、聊天的周元国也具有大学教育背景。16 岁开始从事帆板运动，主要运动成绩是：1988 年亚锦赛米氏级帆板冠军，亚运会男子米氏级帆板冠军，2000 年悉尼奥运会第五名，2001 年第九届全运会男子米氏级帆板冠军，2002 年亚运会男子米氏级帆板冠军，2003 年雅典奥运会热身赛男子米氏级帆板第三名。

见到周元国的人都有一个共同的印象："他总是面带微笑。"然而在海上的他却像能打善攻的"冷面海盗"。中国国家队姚新培领队对周元国是如此评价的："难得的综合素质，比较全面的优秀选手。"

辽宁抚顺帆板队的王红军教练慧眼识才，1993 年他把时年 16 岁的周元国招进了队伍。次年，"粗"中有细、屡造帆板金牌的辽宁省帆板队教头贾学武又把周元国选到了省队。

中国帆板运动员周元国

1997 年年底，时任国家队教练的贾学武又把周元国选入了国家队。2000 年悉尼奥运会时，训练 7 年的周元国获得了第五名，这是我国帆板选手在历届奥运会上取得的第一个好成绩。

值得一提的是，那次比赛他在两轮比赛中犯了两个简单而遗憾的错误而被判罚。一轮抢航，另一轮在启航前 4 分钟（按规则已进入竞赛）把多余的衣服扔给援助船。如果被判一轮，周元国便是第一；如果没有犯规，他更是第一。

周元国的运动技术素质比较全面，而且进步的速度也快。他比较擅长小风比赛，但大风也不落后；他的驾板速度较快，而战略战术也比较灵活。贾教练对周元国的训练计划安排得很周密，对小周的恋爱和婚姻也像大哥哥般的关怀备至。教和练的关系协调，配合默契是周元国获益的又一大因素。

PART 12 历史档案

历届奥帆赛（帆船、帆板）冠军

夏季奥运会	级　别	性别	姓　名	国家
1900 年 第二届奥运会 （法国巴黎）	0.5 吨级	男	德克斯	法国
	0.5～1.0 吨级	男	米舍莱	法国
		男	F. 米舍莱	
	10～20 吨级	男	比拉德	法国
	1～2 吨级	男	布达勒	瑞士
	20＋吨级	男	昆廷	英国
	2～3 吨级	男	埃克斯肖	英国
	3～10 吨级	男	沽弗莱	法国
	公开级	男	卡瑞	英国
		男	格雷顿	
		男	莫兹利	
1908 年 第四届奥运会 （英国伦敦）	12 米级	男	阿斯品	英国
		男	布坎南	
		男	邦顿	
		男	唐斯	
		男	J. 唐斯	

夏季奥运会	级　别	性别	姓　名	国家
1908 年 第四届奥运会 （英国伦敦）	12 米级	男	邓洛普	英国
		男	格兰－蔻茨	
	6 米级	男	克莱顿	英国
		男	劳斯	
		男	麦克米金	
	7 米级	男	宾利	英国
		男	狄克逊	
		男	雷维尔特	
		女	F. 雷维尔特	
	8 米级	男	坎贝尔	英国
		男	库克雷尼男	
		男	拉赫德斯男	
		男	萨顿	
		男	伍德	
1912 年 第五届奥运会 （瑞典斯德哥尔摩）	10 米级	男	埃里森	瑞典
		男	海尔斯特男	
		男	伊斯伯格男	
		男	兰顿（丹麦）	
		男	奈伯格	
		男	罗森沃德	
		男	沃尔勒里尤丝	
		男	H. 沃尔勒里尤丝	
	12 米级	男	安加	挪威
		男	贝特森	
		男	法尔西－伦特	
		男	汉森	
		男	海耶	

续　表

夏季奥运会	级　别	性别	姓　名	国家
1912 年 第五届奥运会 （瑞典斯德哥尔摩）	12 米级	男	库诺	挪威
		男	拉尔森	
	6 米级	男	图贝	法国
		男	G. 图贝	
		男	J. 图贝	
	8 米级	男	阿斯	挪威
		男	布雷克	
		男	科尼利厄森	
		男	格莱德	
		男	耶贝	
1920 年 第七届奥运会 （比利时安特卫普）	10 米级 （1907 年级别）	男	赫斯特	挪威
		男	霍尔特	
		男	雅姆沃尔德	
		男	D. 雅姆沃尔德	
		男	约尔	
		男	尼尔森	
		男	索伦森	
	10 米级 （1919 年级别）	男	阿伦茨	挪威
		男	法尔肯博格	
		男	吉尔特森	
		男	吉尔伯特	
		男	舒特	
		男	T. 舒特	
		男	塞耶尔斯特德	
	12 米级 （1903 年级别）	男	比尔格兰特	挪威
		男	R. 比尔格兰特	
		男	克里斯蒂安森	

夏季奥运会	级 别	性别	姓 名	国家
1920 年 第七届奥运会 （比利时安特卫普）	12 米级 （1903 年级别）	男	米格斯特	挪威
		男	耐斯	
		男	奥斯瓦尔德	
		男	J. 奥斯瓦尔德	
	12 米级 （1919 年级别）	男	阿勒斯	挪威
		男	博腾	
		男	弗里尔	
		男	哈塞尔	
		男	奥威格	
		男	T. 奥威格	
	12 英尺快艇	男	赫因	荷兰
		男	J. 赫因	
	30 平方级	男	本特松	瑞典
		男	卡尔弗特	
		男	伦奎斯特	
		男	斯特芬博格	
	40 平方级	男	霍姆	瑞典
		男	Y. 霍姆	
		男	雷丁	
		男	腾沃	
	6 米级	男	布雷克	挪威
		男	卡森	
		男	罗德	
	6 米级 （1907 年级别）	男	布鲁恩西尔斯	比利时
		男	康内里	
		男	F. 康内里	
	6. 5 米级	男	卡普	荷兰

续 表

夏季奥运会	级 别	性别	姓 名	国家
1920 年 第七届奥运会 （比利时安特卫普）	6. 5 米级	男	J. 卡普	荷兰
		男	威尔克宁	
	7 米级	男	科尔曼	英国
		男	麦迪森	
		男	赖特	
		女	D. 赖特	
	8 米级	男	克里斯蒂安森	挪威
		男	库诺	
		男	摩西纽森	
		男	维克	
	8 米级 （1907 年级别）	男	霍拜尔	挪威
		男	雅各布森	
		男	奥尔森	
		男	雷格维尔德	
		男	维格尔	
1924 年 第八届奥运会 （法国巴黎）	6 米级	男	戴尔	挪威
		男	伦丹	
		男	鲁尼格林	
	8 米级	男	布克莱里	挪威
		男	哈根	
		男	尼尔森	
		男	雷格维尔德	
		男	A. 雷格维尔德	
	男子单人艇（单体船）	男	胡伊布里希茨	比利时
1928 年 第九届奥运会 （荷兰阿姆斯特丹）	6 米级	男	安科	挪威
		男	J. 安科	
		男	布琳希尔德	

夏季奥运会	级　别	性别	姓　名	国家
1928 年 第九届奥运会 （荷兰阿姆斯特丹）	6 米级	男	奥拉维	挪威
	8 米级	男	拉萨布里埃尔	法国
		男	德赫昂	
		女	赫瑞特	
		男	勒赛瓦	
		男	勒斯瓦	
	男子单人艇	男	托和勒	瑞典
1932 年 第十届奥运会 （美国洛杉矶）	6 米级	男	阿克朗德	瑞典
		男	拜尔维斯	
		男	奥勒姆	
	8 米级	男	迪拜	美国
		男	比纳德	
		男	卡尔瑞	
		男	舒尔赤赫	
		男	库柏	
		男	达维斯	
		男	道尔森	
	男子单人艇（单体船）	男	勒布伦	法国
	星级	男	格瑞	美国
		男	巴利诺	
1936 年 第十一届奥运会 （德国柏林）	6 米级	男	拜勒维勒	英国
		男	伯曼	
		男	哈穆尔	
		男	勒夫	
		男	马丁	
	8 米级	男	比昂奇	意大利
		男	马尼克	

续 表

夏季奥运会	级　别	性别	姓　名	国家
1936 年 第十一届奥运会 （德国柏林）	8 米级	男	莫迪森	意大利
		男	波挈	
		男	L. 波挈	
		男	瑞吉奥	
	男子单人艇（单体船）	男	喀什拉德	荷兰
	星级	男	比绍夫	德国
		男	维斯	
1948 年 第十四届奥运会 （英国伦敦）	6 米级	男	卢米	美国
		男	穆尼	
		男	史密斯	
		男	维克	
		男	维登	
	龙级	男	巴弗德	挪威
		男	里	
		男	多瓦德什	
	男子单人艇（萤火虫级）	男	埃斯托姆	丹麦
	星级	男	斯马特	美国
		男	P. 斯马特	
	燕子级	男	邦德	英国
		男	毛瑞斯	
1952 年 第十五届奥运会 （芬兰赫尔辛基）	5.5 米级	男	桑斯	美国
		男	维特	
		男	S. 维特	
	6 米级	男	昂德	美国
		男	摩根	
		男	黑德	
		男	乌塞崴	

夏季奥运会	级　别	性别	姓　　名	国家
1952 年 第十五届奥运会 （芬兰赫尔辛基）	6 米级	女	维登	美国
		男	H. 维登	
	龙级	男	巴弗德	挪威
		男	西格维 - 里耶	
		男	多瓦德什	
	芬兰人级	男	埃斯托姆	丹麦
	星级	男	罗德	意大利
		男	斯塔林多	
1956 年 第十六届奥运会 （澳大利亚墨尔本）	5.5 米级	男	卡里松	瑞典
		男	斯托克	
		男	索恩	
	龙级	男	波林	瑞典
		男	帕姆凯斯特	
		男	维克斯特姆	
	芬兰人级	男	埃斯托姆	丹麦
	星级	男	罗尔	美国
		男	威廉斯	
	沙皮级	男	克洛普	新西兰
		男	曼丁	
1960 年 第十七届奥运会 （意大利罗马）	5.5 米级	男	亨特	美国
		男	奥蒂	
		男	史密斯	
	龙级	男	埃斯克扎克龙	希腊
		男	普瑞斯	
		男	扎密斯	
	飞行荷兰人级	男	博格瓦奥	挪威
		男	兰德	

续 表

夏季奥运会	级 别	性别	姓 名	国家
1960 年 第十七届奥运会 （意大利罗马）	芬兰人级	男	埃斯托姆	丹麦
	星级	男	派根	乌克兰
		男	舒特库	
1964 年 第十八届奥运会 （日本东京）	5.5 米级	男	诺萨姆	澳大利亚
		男	多耐尔	
		男	萨金特	
	龙级	男	波尔森	丹麦
		男	O. 波尔森	
		男	布隆	
	飞行荷兰人级	男	拜德森	新西兰
		男	维尔斯	
	芬兰人级	男	库维德	联邦德国
	星级	男	库克	巴哈马
		男	诺里斯	
1968 年 第十九届奥运会 （墨西哥墨西哥城）	5.5 米级	男	桑德利	瑞典
		男	P. 桑德利	
		男	U. 桑德利	
	龙级	男	弗瑞特	美国
		男	扎克	
		男	申克	
	飞行荷兰人级	男	斯密斯	英国
		男	帕金森	
	芬兰人级	男	曼金	巴西
	星级	男	巴莱特	美国
		男	诺斯	
1972 年 第二十届奥运会 （德国慕尼黑）	龙级	男	安德森	奥地利
		男	库尼欧	

夏季奥运会	级 别	性别	姓 名	国家
1972 年 第二十届奥运会 （德国慕尼黑）	龙级	男	肖	奥地利
	飞行荷兰人级	男	大卫	英国
		男	帕蒂森	
	芬兰人级	男	马里	法国
	索林级	男	艾伦	美国
		男	本特森	
		男	麦格	
	星级	男	安德森	奥地利
		男	福布斯	
	风暴级	男	戴德拉	乌克兰
		男	曼金	
1976 年 第二十一届奥 运会 （加拿大蒙特利 尔）	飞行荷兰人级	男	蒂斯	联邦德国
		男	J. 蒂斯	
	男子 470 级	男	邦德	联邦德国
		男	赫伯纳	
	芬兰人级	男	斯库曼	民主德国
	索林级	男	巴多罗斯	丹麦
		男	汉森	
		男	延森	
	托纳多级	男	奥斯本	英国
		男	怀特	
	风暴级	男	阿尔伯斯顿	瑞典
		男	汉森	
1980 年 第二十二届奥 运会 （前苏联莫斯 科）	飞行荷兰人级	男	阿巴斯科	西班牙
		男	诺格	
	470 级	男	帕尼多	巴西
		男	瑞祖	

续 表

夏季奥运会	级 别	性别	姓 名	国家
1980年 第二十二届奥运会 （苏联莫斯科）	芬兰人级	男	理查德	芬兰
	索林级	男	巴多罗斯	丹麦
		男	汉森	
		男	延森	
	星级	男	曼金	乌克兰
		男	穆德森科	
	托纳多级	男	拉尔	巴西
		男	维尔特	
1984年 第二十三届奥运会 （美国洛杉矶）	飞行荷兰人级	男	布坎	美国
		男	麦琪	
	男子470级	男	道莱斯特	西班牙
	芬兰人级	男	莫利纳	新西兰
		男	库茨	
	男子帆板（滑浪板）	男	卡德尔	荷兰
	索林级	男	戴维斯	美国
		男	海内斯	
		男	特维里安	
	星级	男	布坎	美国
		男	埃里克森	
	托纳多级	男	塞勒斯	新西兰
		男	提姆斯	
1988年 第二十四届奥运会 （韩国汉城，即今首尔）	飞行荷兰人级	男	博森莫勒	丹麦
		男	格隆伯格	
	男子470级	男	派珀耐特	法国
		男	派勒特	
	芬兰人级	男	道里斯特布兰克	西班牙
	男子帆板（莱赫纳尔II）	男	肯德尔	新西兰

夏季奥运会	级 别	性别	姓 名	国家
1988 年 第二十四届奥运会 （韩国汉城，即今首尔）	索林级	男	福莱赫	民主德国
		男	亚科尔	
		男	舒曼	
	星级	男	麦肯塔耶	英国
		男	维勒	
	托纳多级	男	海纳德	法国
		男	勒德洛夫	
	女子 470 级	女	朱奥	美国
		女	兆里	
1992 年 第二十五届奥运会 （西班牙巴塞罗那）	飞行荷兰人级	男	多伦斯特	西班牙
		男	门里科	
	男子 470 级	男	克拉法特	西班牙
		男	桑切斯	
	芬兰人级	男	普露格·加西亚	西班牙
	男子帆板（勒赫纳尔Ⅱ）	男	戴维	法国
	索林级	男	班科	丹麦
		男	赛赫	
		男	赛尔	
	星级	男	黑内尔	美国
		男	雷诺德	
	托纳多级	男	海纳德	法国
		男	罗迪	
	女子 470 级	女	格拉·卡布勒拉	西班牙
		女	扎贝尔	
	女子欧洲级	女	安德森	挪威
	女子帆板（勒赫纳尔）	女	肯德尔	新西兰

续　表

夏季奥运会	级　别	性别	姓　名	国家
1996 年 第二十六届奥运会 （美国亚特兰大）	男子 470 级	男	布拉斯/拉维斯特	乌克兰
		男	马特维/延科	
	芬兰人级	男	库茨·尼尔维茨	波兰
	男子米氏级	男	卡克拉·马纳内斯	希腊
	激光级	男	施奈特	巴西
	索林级	男	福莱赫	联邦德国
		男	亚科尔	
		男	舒曼	
	星级	男	费雷拉	巴西
		男	格里尔	
	托纳多级	男	巴里斯特	西班牙
		男	里昂	
	女子 470 级	女	维亚·迪弗雷纳	西班牙
		女	扎贝尔	
	女子欧洲级	女	柔格	丹麦
	女子米氏级	女	李丽珊	中国香港
2000 年 第二十七届奥运会 （澳大利亚悉尼）	男子 470 级	男	特恩布奥	澳大利亚
		男	肯	
	芬兰人级	男	恩利斯	英国
	男子米氏级	男	塞普	奥地利
	49 人级	男	约翰逊	芬兰
		男	亚维	
	激光级	男	伯西	英国
	索林级	男	布莱克斯克亚宁	丹麦
		男	班科	
		男	约克布森	
	星级	男	雷诺茨	美国

夏季奥运会	级　别	性别	姓　名	国家
2000 年 第二十七届奥 运会 （澳大利亚悉 尼）	星级	男	利尔雅达尔	美国
	托纳多级	男	斯坦纳赫尔	奥地利
		男	哈格拉	
	女子 470 级	女	斯特维尔	澳大利亚
		女	阿姆斯特朗	
	女子欧洲级	女	罗伯特森	英国
	女子米氏级	女	森斯尼	意大利
2004 年 第二十八届奥 运会 （希腊雅典）	男子 470 级	男	弗尔斯特	美国
		男	布尔汉姆	
	芬兰人级	男	恩利斯	英国
	男子米氏级	男	弗里德曼	以色列
	49 人级	男	马提尼斯	西班牙
		男	费尔南德斯	
	激光级	男	施奈特	巴西
	星级	男	格里尔	巴西
		男	费雷拉	
	托纳多级	男	哈格拉	奥地利
		男	斯坦纳赫尔	
	女子 470 级	女	索菲亚·贝卡托罗	希腊
		女	特叟珐	
	女子欧洲级	女	西伦·桑德比	挪威
	女子米氏级	女	麦瑞特	法国
	女子英凌级	女	罗伯特森	英国
		女	阿伊顿	
		女	韦伯	
2008 年 第二十九届奥 运会（中国北京）	男子 470 级	男	威尔莫特	澳大利亚
		男	佩奇	

续　表

夏季奥运会	级　别	性别	姓　名	国家
2008 年 第二十九届奥运会（中国北京）	芬兰人级	男	恩斯利	英国
	49 人级	男	瓦勒	丹麦
		男	易卜生	
	男子激光级	男	古迪森	英国
	星级	男	伯西	英国
		男	辛普森	
	托纳多级	男	埃查瓦里	西班牙
		男	帕森	
	男子帆板	男	阿什利	澳大利亚
	女子 470 级	女	埃莉斯·雷基基	澳大利亚
		女	特莎·帕金森	
	女子激光雷迪尔级	女	安娜·滕尼克利夫	美国
	女子英凌级	女	艾顿	英国
		女	维布	
		女	威尔逊	
	女子帆板	女	殷剑	中国
2012 年 第三十届奥运会（英国伦敦）	男子 470 级	男	马修·贝尔彻	澳大利亚
		男	马尔科姆·佩奇	
	49 人级	男	艾恩·简森	澳大利亚
		男	南森·奥特里奇	
	激光级	男	汤姆·斯林斯比	澳大利亚
	芬兰人级	男	恩斯利	英国
	星级	男	沙米宁	瑞典
		男	卢夫	
	男子帆板	男	里杰斯尔伯格	荷兰
	女子 470 级	女	阿莱	新西兰
		女	帕里	

夏季奥运会	级　别	性别	姓　名	国家
2012 年 第三十届奥运会 （英国伦敦）	女子激光雷迪尔级	女	徐莉佳	中国
	伊利奥特 6 米级	女	艾彻格耶 – 多明戈斯	西班牙
		女	普玛瑞瓜 – 梅内德斯	
		女	托罗 – 普列托 – 普格	
	女子帆板	女	马丽娜·阿拉巴乌	西班牙